Marcus Scherer

ICH **K**OCHE

90 leckere Rezepte aus der Gourmet-Küche –
einfach selber zubereiten und genießen

Herausgegeben vom **I**sraelitischen **K**rankenhaus in Hamburg

„Eure Nahrungsmittel sollen eure Heilmittel, und eure Heilmittel sollen eure Nahrungsmittel sein.“

Hippokrates

Zu diesem Buch

TV-Kochshows sind beliebt, während der Verzehr von Fertiggerichten und Convenience Food steigt. Gesunde Ernährung ist in aller Munde, indessen sind immer neue fragwürdige „Diäten“ im Trend, unterschiedliche Formen von Fehl- oder Mangelernährung nehmen zu. Dieses Kochbuch überzeugt dagegen mit der wohltuenden Botschaft: Einfach innehalten, sich Zeit nehmen zum Kochen und das Essen anschließend genießen!

Die Idee dazu stammt aus dem Israelitischen Krankenhaus in Hamburg, wo der Meisterkoch Marcus Scherer als Küchenleiter neue Maßstäbe setzt. Patienten und Mitarbeiter sind begeistert von seinen köstlichen Kreationen. Scherer veröffentlicht hier eine Auswahl von 90 leckeren Gerichten. Mit wertvollen Anregungen und Tipps versehen, wecken sie Gaumenfreuden ebenso wie die Lust aufs Kochen; sie zeigen, wie wohlschmeckend gesundes Essen sein kann.

Dass ein Gourmet-Koch hier tätig ist, scheint nur konsequent: Denn die Klinik widmet sich schwerpunktmäßig der Behandlung von Erkrankungen des Verdauungssystems – mit wegweisenden Erkenntnissen und Therapieerfolgen. Eine wissenschaftlich begründete Ernährungsmedizin verzahnt sich seit langem mit der hochqualifizierten Diagnostik und Therapie. Im Verbund mit der herausragenden Pflege verleihen sie dem Haus ein hohes Ansehen, das weit über Hamburg hinaus reicht.

Marcus Scherer

ICH KOCHE

90 leckere Rezepte aus der Gourmet-Küche – einfach selber zubereiten und genießen

Herausgegeben vom **I**sraelitischen **K**rankenhaus in Hamburg

Dank an die Förderer

Wir danken für die gute Zusammenarbeit ebenso wie für die großzügige Unterstützung unserer Partner. Durch ihre Förderung konnten wir dieses Kochbuch auf den Weg bringen.

B. Braun Melsungen AG, www.braun.de
Kai Brüning, Obst- und Gemüsegroßhandel GmbH & Co.KG
DIK GmbH Dienstleistungsgesellschaft Israelitisches Krankenhaus
DNG Farmland Food Service KG
GHD – GesundHeits GmbH Deutschland
Hospiz am Israelitischen Krankenhaus gGmbH
Nutricia GmbH

Bibliografische Information der Deutschen Bibliothek
Die Deutsche Bibliothek verzeichnet diese Publikation in der Deutschen Nationalbibliografie; detaillierte bibliografische Daten sind im Internet über http://dnb.ddb.de abrufbar.

CEP Europäische Verlagsanstalt | Die Hanse, Hamburg 2017

Rezepte: Marcus Scherer
Fotos: Israelitisches Krankenhaus in Hamburg
Produktionsleitung, Redaktion: Waltraut Haas – www.buchschreiberin.de
Rezeptfotographie: Marcus Scherer und Collin Hoger
Satz und Umschlag: Susanne Schmidt, Leipzig
Druck und Bindung: CPI books GmbH, Leck

Printed in Germany

ISBN 978-3-86393-086-8

Inhalt

Gourmet-Küche im Israelitischen Krankenhaus

Vorwort der Herausgeber

Ein Gourmet-Koch wird Küchenchef im Israelitischen Krankenhaus: Diese Entscheidung war ein konsequenter Schritt. Marcus Scherer verzichtet zwar auf Perigord-Trüffel und andere erlesene Zutaten, aber dennoch können sich unsere Speisepläne mit der Menükarte edler Restaurants durchaus messen. Für unseren passionierten Küchenexperten stellt sein neues Wirkungsfeld in unserem Krankenhaus eine Herausforderung dar, die er mit seinem Team täglich auf kreative Weise zu meistern versteht.

Seit 2014 sorgt Marcus Scherer für frischen Wind in unserer Küche, und er hat uns von Anfang an überzeugt: Gesundes und leckeres Essen, täglich frisch zubereitet aus Produkten der Saison und möglichst aus der Region. Von den Ergebnissen sind unsere Patienten ebenso begeistert wie unsere Mitarbeiter. Die Gerichte werden allgemein gelobt, und die Kosten bleiben dabei überschaubar. Wir haben uns bewusst für dieses Konzept entschieden, auch wenn Tiefkühlkost oder Fertigprodukte von Catering-Firmen natürlich noch etwas preiswerter kämen als die Gerichte aus unserer frischen Küche.

Als ausgewiesene Fachklinik für Krankheiten der Verdauungsorgane spielt die wissenschaftliche Ernährungsmedizin bei uns eine zentrale Rolle für Therapieerfolge. Für manche leidgeprüften Patienten hängt die Genesung wesentlich von einer auf sie zugeschnittenen Umstellung ihrer Ernährung ab. Deshalb werden sie von unserem interdisziplinären Ernährungsteam individuell beraten. Zugleich aber bringen wir unsere Patienten jetzt auf den Geschmack: Mit der leckeren Kost von Marcus Scherer können sie bekömmliche Gerichte kennenlernen und sogar genießen!

Und das gelingt auch, obwohl viele Patienten spezielle Diäten benötigen: Unter 28 kombinierbaren Kostformen haben sie täglich die Wahl, und manche Patienten werden sogar ganz individuell bekocht. Nach unzähligen begeisterten Rückmeldungen aus allen Bereichen unseres Hauses entstand die Idee zu diesem Buch. Immer wieder bitten Patienten unseren Küchenchef um Kochrezepte – für eine neue Küche am heimischen Herd. Hier stellt Marcus Scherer jetzt eine Auswahl von Rezepten vor. Sie besteht aus kulinarischen Kreationen, die er eigens für die hohen Anforderungen unserer Klinikküche entwickelt hat. Scherers Kochrezepte sind zuhause leicht nachzukochen. Sie bieten wertvolle Anregungen, und sie dienen als Ideensammlung zum kreativen Umgang mit Lebensmitteln in der eigenen Küche.

Was der Genesung und der Stimmung unserer Patienten so zu helfen scheint, wollen wir nun auch den Menschen außerhalb des Krankenhauses anbieten: den Genuss von appetitlichem und gesundem Essen, aber auch die Freude bei dessen eigener Zubereitung.

Wohl bekomm's also – und guten Appetit!

Hamburg, Juni 2017

Marcus Jahn
Kaufmännischer Direktor

Prof. Dr. Peter Layer
Ärztlicher Direktor

Israelitisches Krankenhaus in Hamburg

Gourmet-Küche im Krankenhaus aus ökonomischer Sicht: Wie rechnet sich das?

Von Marcus Jahn

Um die Antwort gleich vorwegzunehmen: Für uns rechnet sich das! Die zweite Frage, die oft darauf folgt: Inwiefern lassen sich die Ausgaben einer Klinikküche „für den feinen Gaumen" zumindest soweit decken, wie sie die Krankenkassen finanzieren? Hierzu lautet die Antwort: Sie decken sich nicht ohne weiteres. Weil wir aber öfter gefragt werden, wie wir es dennoch schaffen, alle Patienten im Israelitischen Krankenhaus (IK) mit gesundem, leckerem Essen zu versorgen, bedarf es eines kleinen betriebswirtschaftlichen Exkurses.

Kosten-Nutzen-Rechnung: Essen als bedeutender Bestandteil des Therapieansatzes

Wir haben uns bewusst für Marcus Scherer und seine frische Küche im IK entschieden. Denn Ernährung ist in unserem Haus ein bedeutsamer Bestandteil unseres Therapieansatzes – den wir einer Kosten-Nutzen-Rechnung unterzogen. Dafür hat unser Küchenleiter mit mir zunächst den Wareneinsatz für die Klinikkost neu definiert und berechnet. Zugleich galt es, das Essen nicht als separaten Kostenfaktor zu behandeln. Vielmehr wurde die Klinikkost in die gesamten Therapiekosten integriert. Wie in der überwiegenden Anzahl der Krankenhäuser werden wir nach Fallpauschalen vergütet. Wir erhalten also einen festen Betrag pro Patientenbehandlung. In der für uns maßgeblichen Kalkulation der Fallkosten sind zudem die Unterhaltskosten – neben Personal, Sachkosten und Apparatemedizin – speziell für die Krankenhausküche leider nicht genau beziffert. Der Kostenanteil für das Patientenessen wird also nicht eigens ausgewiesen. Hier gibt es keine Benchmark-Preise, die definieren würden, was teuer und was günstig wäre.

Was sich aus betriebswirtschaftlicher Sicht – rein rechnerisch – natürlich nicht belegen lässt, zeigen aber wissenschaftliche Untersuchungen aus der Ernährungsmedizin: Bei Patienten ohne Mangel- oder Fehlernährung sind etwa eine bessere Wundheilung, schnellere Mobilisierung und die Verbesserung des Allgemeinzustandes festzustellen. Schon daraus resultieren weniger Folgekosten. Bei exzellenter Behandlung erreichen wir zudem durch eine optimierte Ernährung geringe Komplikationsraten und verkürzte Liegezeiten. Eine geringere Verweildauer im Krankenhaus erlaubt uns also in der Wechselwirkung, mehr Patienten aufzunehmen und medizinisch zu versorgen. Eine höhere Auslastung und mehr behandelte Patienten führen zu höheren Erlösen, durch die wiederum höhere Verpflegungskosten refinanziert werden.

Einsparung zur Refinanzierung

Eine reine Profitorientierung der Klinik würde an sämtlichen Faktoren den Rotstift ansetzen. Unsere betriebswirtschaftliche Rechnung dagegen fragt: Was können wir wofür – zu welchem Preis – leisten? Die Frage öffnet den Blick dafür, wie Sachkosten eingespart werden können, etwa durch den Einkauf günstigerer Medikamente oder Pflaster. Durch derartige Ersparnisse können wir ein größeres Budget für den Kostenfaktor „Nahrungsmittel" ermöglichen.

Mehr Klasse statt Masse

Zudem hat auch unsere Küche selbst die Breite der Produkte zurückgefahren – zugunsten des gezielten Einkaufs von besonders guten und schmackhaften Lebensmitteln: So können wir anstelle der Bevorratung einer hohen Anzahl von Tiefkühlprodukten mehr frisches Gemüse einkaufen. „Mehr Klasse statt Masse" lautet dabei unser Prinzip.

Individuelle Wunschkost ermöglichen

Wunschkost wird von Ärzten für besonders bedürftige und schwer erkrankte Patienten im IK ebenso wie im Hospiz am Israelitischen Krankenhaus verordnet. Dass wir die individuellen Wünsche von schwerkranken oder sterbenden Menschen berücksichtigen und ermöglichen, ist ein Gebot der Menschlichkeit. Dass wir dieses Angebot zur Freude unserer Patienten auch umsetzen können, verdanken wir dem tatkräftigen Einsatz von Marcus Scherer und seinem Team.

Für einen neuen ökonomischen Blick

„Kein Gewinn ohne vorherige Investition": Diese betriebswirtschaftliche Maxime sollte nicht ausschließlich monetär interpretiert werden. Sie ist ebenso eine Frage der guten Reputation unseres Hauses. Investieren lässt sich eben auch durch mehr Umsicht und Offenheit für Neuerungen. Oder, indem die Mitarbeiter in ihrer Entfaltung von Ideen und Innovationen unterstützt werden. Nur so erreichen wir in Medizin und Pflege die bereits mehrfach ausgezeichnete Qualität der Behandlung und Betreuung unserer Patienten.

Vertrauen – wie überhaupt der Einsatz „humanitärer Ressourcen“ – lässt sich im Kosten-Controlling nicht gänzlich durch Zahlen und Fakten belegen. Gerade deshalb benötigen wir immer wieder Mut zu neuen Wegen. Denn in Momentaufnahmen würden wir Neuerungen und Kosten nur nach kurzfristigen Gesichtspunkten beurteilen. Ein häufiger Perspektivenwechsel ist aber notwendig: Damit wir nicht die enorm wichtigen und langfristig wirksamen Faktoren außer Acht lassen oder gar übersehen – und dazu gehört die gute Ernährung.

Marcus Jahn ist seit 2008 am Israelitischen Krankenhaus (IK) in Hamburg tätig, zunächst als Pflegedirektor, 2013 übernimmt er die Position des Kaufmännischen Direktors. Nachdem er 2011 das Hospiz am Israelitischen Krankenhaus gGmbH gründete, ist er hier zusätzlich als Geschäftsführer tätig. Im Rahmen der Geschäftsführung zeichnet er zudem für die Dienstleistungsgesellschaft des Israelitischen Krankenhauses (DIK GmbH) verantwortlich.
Zuvor war der Pflegemanager und Betriebswirt als Pflegedirektor im Herz- und Gefäßzentrum Bad Bevensen tätig. Er begann seine Laufbahn als Krankenpfleger, gefolgt von Karriereabschnitten als Fachkrankenpfleger, Pflegedienstleiter und Einrichtungsleiter im Gesundheitswesen.
Marcus Jahn ist Vorstandsmitglied des Verbands der Freigemeinnützigen Krankenhäuser in Hamburg und stellvertretendes Mitglied im Vorstand der Hamburger Krankenhausgesellschaft. Er ist verantwortlich für die Küche, Cafeteria und Speiseversorgung der Klinik. Auf seine Initiative kam Marcus Scherer 2014 als Küchenleiter ins IK.

Essen, Gesundheit und Krankheit: Ernährungsmedizin heute

Interview mit PD Dr. Viola Andresen und Prof. Dr. Peter Layer

Kann Essen krank machen? Gibt es dementsprechend auch „gesundes“ Essen? Können „Superfoods“ oder Nahrungsergänzungsmittel unsere Gesundheit fördern? Müssen wir ständig neue Labels beachten, weil „glutenfreie“ oder „laktosefreie“ Nahrungsmittel gesünder sind? Privatdozentin und Oberärztin Dr. Viola Andresen, Leiterin der klinischen Ernährungsmedizin und Prof. Dr. Peter Layer, Ärztlicher Direktor im Israelitischen Krankenhaus (IK), geben dazu fundierte Antworten. Zugleich erörtern sie die Vorzüge einer abwechslungsreichen und frischen Ernährung.

Herr Professor Layer, das Israelitische Krankenhaus kann bahnbrechende Erfolge in der Behandlung von Erkrankungen des Verdauungssystems vorweisen. Welchen Stellenwert hat dabei das Essen?

Prof. Dr. Layer: Krankenhauskost ist traditionell berüchtigt – nicht allein unter Patienten, die nur mit Einschränkungen essen dürfen. Es schmeckt einfach nicht. Dabei ist gutes Essen eine wichtige Komponente, die zur Genesung beiträgt; es steht für Lebensqualität. Das gilt im Israelitischen Krankenhaus, in dem wir schwerpunktmäßig Patienten mit Krankheiten des Verdauungssystems behandeln, in besonderem Maße. Deswegen haben wir uns bewusst für eine Küche entschieden, die ausschließlich frisch gekochtes, wohlschmeckendes Essen serviert.

Kann Essen selbst therapeutisch wirken? Ist Essen denn Medizin?

Prof. Dr. Layer: Zunächst dient Essen dem Überleben. Dessen sind sich Generationen bewusst, die noch Hunger und Not erleiden mussten. „Ernährung als Therapie“ ist jedoch schon seit der Antike ein großes Thema. Lange dominierte die Vorstellung, über spezielle Formen der Ernährung könne man Krankheiten gezielt behandeln. Umgekehrt hielten sich bis in die 1970er Jahre Annahmen, nach denen bestimmte Nahrungsmittel der Gesundheit grundsätzlich schaden würden.
Danach wurden „Heil“-Diäten in der Medizin aber eher belächelt und schrittweise abgeschafft und fast eine Art „Diät-Nihilismus“ ausgerufen, abgesehen natürlich von definierten Ausnahmen, wie bei Zöliakie-Patienten. Parallel setzten sich wissenschaftlich unbegründete Auffassungen durch: So wurden etwa tierische Fette wegen ihres Cholesteringehalts jahrzehntelang verteufelt. Wertvolle Nahrungsmittel wie Butter, Eier oder Fleisch kamen wegen ihrer angeblichen Schädigung der Blutgefäße zu Unrecht auf den Index.
Inzwischen aber erleben wir eine Renaissance einer wissenschaftlich begründeten Ernährungsmedizin, und diese bietet die Grundlage für unsere

Küche im Israelitischen Krankenhaus, die sich auszeichnet durch Vielfalt, Frische und Genuss.

Frau Dr. Andresen, kann Essen denn umgekehrt krank machen?

Dr. Andresen: Gewisse einseitige Ernährungsformen können sicher Krankheiten auslösen. Wir sprechen deshalb von Formen der Fehlernährung. Allen voran kann eine allzu kohlenhydratreiche Ernährung in Verbindung mit Bewegungsmangel zu einem sogenannten metabolischen Syndrom bis hin zum Typ-II-Diabetes führen. Meist ist dies auch mit deutlichem Übergewicht insbesondere im Bauchbereich verbunden. Vergesellschaftet sind Bluthochdruck, Fettstoffwechselstörungen und Fettleber sowie ein deutlich erhöhtes Risiko für Arteriosklerose. Problematisch sind vor allem größere Mengen von schnell verdaulichen Kohlenhydraten, allen voran von Süßigkeiten und zuckerhaltigen Softdrinks, die schon im Kindesalter konsumiert werden. Den Zucker durch Süßstoffe auszutauschen, trägt keinesfalls zur Problemlösung bei. Süßstoffe verstärken nicht nur das Bedürfnis nach Süßigkeiten; ernstzunehmenden Studien zufolge kann schon der massenhafte Konsum bestimmter Süßstoffe eine vermehrte Gewichtszunahme bis hin zu gesundheitlichen Risiken auslösen.
Jetzt einfach auf eigene Faust nur noch wenig zu essen oder gar zu fasten, ist ebenfalls keine sinnvolle Lösung: Durch diese Art von Mangelernährung wird neben Fett bevorzugt Muskelgewebe abgebaut und die Mikroflora der für den Stoffwechsel unverzichtbaren Darmorganismen massiv verändert. Folge ist unter anderen der gefürchtete JoJo-Effekt. Statt kurzfristig zu „hungern" sollten betroffene Menschen ihre Ernährung daher lieber langfristig und nachhaltig umstellen.

Doch nicht alle essen zu viel, Frau Dr. Andresen. Der Trend zu Gewichtsabnahme und zu Schlankheitsidealen ist doch immer noch ungebrochen?

Dr. Andresen: Das stimmt. Schon länger haben wir angesichts des „Schlankheitswahns" mit einer Zunahme von Essstörungen wie Magersucht (Anorexie) oder Ess-Brechsucht (Bulimie) zu tun. Ein neueres Phänomen sind Menschen, die geradezu in einem Zwang leben, sich möglichst „gesund" zu ernähren. Aufgrund der oft rigiden Auswahl von Lebensmitteln kann es bei ihnen zu einer Mangelernährung kommen. Wer sich nur noch mit „gesundem Essen" befasst, dem kommt bald jeglicher Genuss beim Essen abhanden. Er entwickelt Neurosen und läuft Gefahr, sich sozial zu isolieren. In solchen Fällen sprechen wir von Orthorexie – in Anlehnung an die riskante Anorexie.

Mittlerweile gibt es vielumworbene „Detox-Diäten" oder „Superfoods". Produkte mit Labels wie „glutenfrei" oder „laktosefrei" wecken die Aufmerksamkeit. Zugleich scheinen die Konsumenten zunehmend unter Allergien, Intoleranzen oder Unverträglichkeiten zu leiden. Ist das ein von den Medien unterstützter Hype – unterstützt durch Etikettenschwindel? Was ist Mode und was ist ernst zu nehmende Erkrankung?

Dr. Andresen: In der Tat nimmt ein wahrer Hype in punkto Ernährung zu, an dem auch die Lebensmittelindustrie nicht unschuldig ist. Weil so vieles vermischt oder verwechselt wird, müssen wir vermehrt Aufklärungsarbeit leisten, so etwa in der medizinischen Fachpresse, ebenso in Gesundheitssendungen in Radio und Fernsehen.

Ganz wichtig ist hier eine klare Differenzierung der Begriffe: *Echte Nahrungsmittel-Allergien*, die sich beispielsweise mit Hautausschlag, Asthma oder auch Verdauungsbeschwerden äußern können, kommen nicht häufig vor. Auch die klassische „Gluten-Krankheit", die Zöliakie, ist als *nahrungsinduzierte Autoimmunerkrankung* eher selten die Ursache für nahrungsabhängige Verdauungsbeschwerden. Nur bei dieser Erkrankung ist es tatsächlich erforderlich, sich lebenslang glutenfrei zu ernähren. Häufiger finden sich hingegen *spezifische Unverträglichkeiten*, wie etwa die Laktose- oder Fruktose-Unverträglichkeit. Bei betroffenen Menschen können überschüssige Mengen von Milch- oder Fruchtzucker, die vom Körper nicht mehr aufgenommen werden können, im Darm zu vermehrten Blähungen oder weichem Stuhl führen. Das ist zwar nicht schädlich, kann aber durchaus lästig sein, so dass eine professionelle Ernährungsberatung hilfreich sein kann. Denn keinesfalls müssen nun alle Milchprodukte gestrichen werden, die oft nur wenig Lactose enthalten, wie etwa Hartkäse. Vollkommen unproblematisch ist in jedem Fall die Menge an Laktose, die sich in Tabletten findet.

Schließlich finden sich noch *unspezifische Unverträglichkeiten*, bei denen unverdauliche Nahrungsbestandteile (sogenannte FODMAPs) aufgrund ihrer Verstoffwechselung durch Dickdarm-Bakterien bei Menschen mit Reizdarmsyndrom vermehrt Bauchbeschwerden verursachen können. Da diese Nahrungsbestandteile wichtige Nahrungsgrundlage für unser Darm-Mikrobiom sind, sollten FODMAP-Restriktions-Diäten nur kurzfristig zur Symptom-Linderung eingesetzt werden.

„Detox-Diäten" entbehren jeglicher wissenschaftlicher Grundlage. Sie unterstellen fälschlich eine „Vergiftung" als Grund für Unpässlichkeiten, und das Versprechen auf „Entgiftung" und Gesundung soll dann den Kauf teurer Produkte rechtfertigen. Auch die Einnahme von „Nahrungsergänzungsmitteln", wie etwa Vitamine, Mineralstoffe, Spurenelemente oder Aminosäuren in Form von Tabletten, Dragees oder Pulver sind bei einer abwechslungsreichen und vielseitigen Ernährung vollkommen überflüssig.

Insgesamt wäre zu empfehlen, sich bei längerfristigen Verdauungsbeschwerden oder vermuteten Unverträglichkeiten von Nahrungsmitteln weder an Hypes noch Modetrends zu beteiligen, sondern diese Beschwerden beim Arzt fundiert abklären zu lassen. Je nach Diagnose kann dann eine gezielte Ernährungsberatung durch eine Fachkraft hilfreich sein.

Herr Professor Layer, empfehlen Sie in solchen Fällen „probiotischen" Joghurt?

Prof. Dr. Layer: Wenn die Beschwerden abgeklärt sind, kann die Zufuhr spezifischer Bakterienstämme als Probiotika, mitunter auch in Joghurt, sehr hilfreich und empfehlenswert sein. Mit dem Verzehr von üblichen Joghurt-Portionen kann man die gewaltige, millionenfach zahlreichere Mikroflora allerdings allein schon quantitativ nur schwer beeinflussen, auch wenn dies unter bestimmten Umständen im Einzelfall auch einmal gelingen kann. Inzwischen liegen eine Reihe spannender Forschungsergebnisse etwa zur Behandlung des Reizdarm-Syndroms (RDS) mit probiotischen Medikamenten vor, zu denen auch wir im IK maßgeblich beigetragen haben.

Frau Dr. Andresen, Sie haben die Ernährungsmedizin im Israelitischen Krankenhaus mit ausgebaut und vorangetrieben. Inwiefern schreiben Sie Erfolgsgeschichte?

Dr. Andresen: Im IK behandeln wir oft Patienten mit einer langen und leidvollen Vorgeschichte. Ein wesentliches Ziel in der Gesamttherapie ist es, frühzeitig einer drohenden oder bereits bestehenden Mangel- oder Fehlernährung entgegen zu wirken. Deshalb wird jeder Patient bereits bei seiner stationären Aufnahme in der Anamnese bezüglich individueller Ernährungsrisiken untersucht. Weitere Ansatzpunkte für die stationäre Ernährungstherapie liefert dann eine exakte Diagnose.

Unser interdisziplinäres Ernährungsteam aus ärztlichen, ernährungswissenschaftlichen und diätetischen Fachkräften verfügt über eine große Erfahrung. Es setzt an bei einer auf jeden Fall abgestimmten, individuellen Behandlung und Beratung. Hier arbeiten wir übrigens eng zusammen mit unserer Küche, in der alle Gerichte täglich frisch zubereitet werden. Die stationäre Ernährungstherapie stimmen wir dann mit einer stationären und ambulanten Ernährungsberatung eng ab. Durch diese Verzahnung unterstützen wir die Nachhaltigkeit des Behandlungserfolgs und die anhaltende Genesung unserer Patienten.

Eine Reihe von Erkrankungen und Operationen ebenso wie Nahrungsmittel-Unverträglichkeiten oder abnorme Ernährungszustände erfordern oft eine vorübergehende oder längerfristige Umstellung der Ernährung. Dabei werden Patienten bei uns von hochqualifizierten Diätassistentinnen

unterstützt und individuell beraten – auf der Grundlage neuester ernährungsmedizinischer Empfehlungen. Denn ein individuell zugeschnittenes Ernährungskonzept bedarf neuer Anregungen und praktischer Empfehlungen, damit es auch im Alltag zu Hause umgesetzt werden kann.
Auch schwer erkrankten Menschen können wir oft entscheidend weiterhelfen. So behandeln und beraten wir etwa Tumorpatienten, die mit einer auf den individuellen Fall angepassten bekömmlichen, energie- und eiweißreichen Ernährung trotz ihrer schweren Erkrankung wieder mehr Energie und Lebensqualität gewinnen können.

Welche konkreten Rückmeldungen, welche Erfolge können sie dokumentieren?

Dr. Andresen: Während die Problematik des Übergewichts schon lange im kollektiven Bewusstsein ist, findet das Risiko für vermehrte Komplikationen und eine erhöhte Sterblichkeit aufgrund von Fehl- und Mangelernährung erst langsam Beachtung. Wir im IK tragen dieser Thematik mit unserem umfassenden Konzept schon lange Rechnung, und wir wurden bereits mehrfach von anderen Kliniken hierzu als Vorbild zu Rate gezogen. Ein weiterer Erfolg ist die Etablierung der ambulanten Ernährungsberatung, in der wir auch Menschen, die nicht zuvor bei uns im Krankenhaus waren, unsere besondere Expertise zum Zusammenspiel von Verdauungskrankheiten und Ernährung anbieten können. Besonders erfreulich ist hier auch die Unterstützung der Krankenkassen, welche bei solchen Erkrankungen und einer entsprechenden ärztlichen Verordnung die Kosten einer ambulanten Ernährungsberatung ganz oder wenigstens teilweise übernehmen.

Neuerdings kursieren illustre alternative Ernährungsformen als Trends in den Medien. Herr Professor Layer, was halten Sie von den modernen Veganern, Rohköstlern, Frutariern und Flexitariern?

Prof. Dr. Layer: Viele dieser Trends weisen ein Spektrum aus, das sich oft ins Absurde erstreckt. Sie haben nichts mit einer fundierten gesunden Ernährung zu tun und sind auch ernährungswissenschaftlich durch nichts begründet. Insbesondere widersprechen sie den Ernährungsgrundlagen, auf denen sich unsere Spezies über viele Jahrhunderttausende entwickelt und aus denen sich unser physiologischer Stoffwechsel und unsere Enzymsysteme abgeleitet haben. Dies gilt im Besonderen für unser Paradeorgan, unser phantastisches Gehirn – dessen Intelligenz sich bei unseren Vorfahren nur mit Nahrung aus tierischem Eiweiß herausbilden konnte! Auch daher ist vegane Ernährung bei Kindern und Heranwachsenden verboten, weil sie schwerste Mangelerscheinungen und irreversible Dauerschäden verursachen kann.

Und was halten Sie von einer „Paläo-Ernährung", wie sie im Internet etwa unter urgeschmack.de empfohlen wird?

Prof. Dr. Layer: Es gibt durchaus vielversprechende Ansätze einer Paläo-Ernährung, die gegen moderne „Zivilisationskrankheiten" antreten will. Wie bereits gesagt, wurde der menschliche Stoffwechsel in seiner Entwicklungsgeschichte schließlich seit einer halben Million Jahren, also weit vor „Erfindung" des Ackerbaus, programmiert. Die Jäger und Sammler verzehrten damals – je nach Kulturkreis und Klimazone in unterschiedlicher Zusammensetzung – vornehmlich Fleisch und Fisch sowie Beeren, Samen oder Wurzeln, ganz selten auch mal Honig von Wildbienen.
Der Speiseplan der „modernen" Paläo-Ernährung enthält daher Fisch, Fleisch, frisches Gemüse, aber wenig Obst, wenig Milchprodukte und wenig Kohlehydrate.
Trotzdem: Auch diese – im Grundsatz nicht unvernünftigen – „Diät"-Ansätze sind oft einseitig und dabei ideologisch überfrachtet. Dabei wird nämlich immer wieder vergessen, dass eine moderne, vielfältig-ausgewogene und dabei maßvolle Ernährung entscheidend dazu beigetragen hat, dass wir heute gesünder und länger leben als praktisch alle Generationen vor uns, und dass es keinerlei Grund gibt, unser heutiges Essen grundsätzlich zu verteufeln.

Und wie können wir nach all dem wissen, ob wir „richtig" essen?

Prof. Dr. Layer: Nun, grundsätzlich ist es doch ganz einfach, denn es gilt schon seit Tausenden von Jahren: Essen soll uns satt – aber nicht zu satt – machen und dabei Genuss – und vielleicht sogar Freude – bereiten. Vom neuen Trend, fast krankhaft „gesund" leben zu wollen, war schon die Rede. „Gesünder" ist es zweifellos, sich auf – und über! – ein schönes, appetitliches Essen zu freuen und sich, wenn immer möglich, selbst seiner liebevollen Zubereitung zu widmen. Und dann muss man nur noch darauf achten, wann man genug hat; und das gerade auch dann, wenn es besonders gut schmeckt. Frei nach dem großen Meisterkoch Paul Bocuse: Man soll mit möglichst großem Genuss speisen und sich dazu auch Zeit lassen. Am Ende jedes guten Essens darf man nicht „pappsatt" sein, sondern sollte lieber ein klein wenig bedauern, dass es schon „alle" ist! Dann macht man alles richtig.

Interview: Waltraut Haas

Privatdozentin Dr. med. Viola Andresen, M.Sc. ist Oberärztin am Israelitischen Krankenhaus und leitet dort die Bereiche der Ernährungsmedizin und der Palliativmedizin. Als maßgebliche Expertin auf den Gebieten der funktionellen und motorischen Störungen des Verdauungstraktes zählt sie zu den Hauptautoren der wichtigsten deutschen Behandlungsleitlinien.
Ihre einschlägigen wissenschaftlichen Arbeiten wurden durch renommierte nationale Forschungspreise ausgezeichnet. Sie studierte Medizin in Hamburg, New York und Lausanne; ihre Ausbildung absolvierte sie an den Medizinischen Universitätskliniken Hamburg, Bochum, Berlin (Charité) und der Mayo Clinic in Rochester (Minnesota, USA).

Prof. Dr. med. Peter Layer ist seit 1996 Ärztlicher Direktor und Direktor der Medizinischen Klinik im Israelitischen Krankenhaus. Er etablierte hier Diagnostik und Therapie ebenso wie die – mehrfach durch Wissenschaftspreise ausgezeichnete – Erforschung der Erkrankungen des Verdauungssystems als Schwerpunkte.
Prof. Layer ist Autor von mehr als 500 Publikationen und (Mit-) Herausgeber von 40 Fachbüchern. Sein Medizinstudium absolvierte er in Tübingen und Edinburgh (Schottland), seine Ausbildung zum Internisten und Gastroenterologen am Universitätsklinikum Essen und an der Mayo Clinic (Rochester, Minnesota, USA). Er war Präsident und langjähriges Vorstandsmitglied der Deutschen Gesellschaft für Gastroenterologie, Verdauungs- und Stoffwechselkrankheiten (DGVS).

Ein Meisterkoch wird Klinik-Küchenchef

Von Waltraut Haas

Gourmet-Köche, die für noble Adressen arbeiten, kennen den harten Alltag: Durch überlange Arbeitstage leidet ihre Work-Life-Balance. Marcus Scherer, der für renommierte Restaurants in München, Salzburg und Hamburg kochte, wollte sich damit nicht abfinden. Mit dem Wechsel 2014 ins Israelitische Krankenhaus (IK) hat er diese Balance wieder hergestellt. Als Küchenleiter meistert er hier die große Herausforderung, Gourmet-Küche im Krankenhaus zu ermöglichen. Seine neu kreierten Gerichte begeistern sowohl die Mitarbeiter als auch die Patienten mit vornehmlich gastro-enterologischen Erkrankungen. Und ganz nebenbei gilt es, so zu wirtschaften, dass sich die neue Küche für alle auch rechnet.

Der IK-Küchenleiter verzichtet vor allem auf Luxusartikel. In enger Zusammenarbeit mit dem Ernährungsteam des Hauses setzt er jedoch bekömmliche Zutaten ein. Für die Würze sorgen viele frische Kräuter. Die Neuinterpretation bodenständiger Gerichte ist sein Markenzeichen. Er verwendet weitgehend Produkte aus der Region entsprechend der Erntesaison und bringt sie variantenreich auf den Tisch. Zugleich ist Marcus Scherer weltoffen und adaptiert gerne internationale Rezepte. Besonders die mediterrane Küche hat es ihm angetan. IK-Mitarbeiter überzeugt er bei regelmäßigen Kochkursen davon, wie leicht sich seine Gerichte zu Hause nachkochen lassen.

Seiner Philosophie bleibt er weiter treu – dank der Unterstützung des IK-Küchenteams. Sein Ziel sei es, Patienten grundsätzlich wie Gästen der gehobenen Gastronomie zu begegnen, deren Aufenthalt er mit köstlichen und bekömmlichen Gerichten möglichst angenehm gestalten möchte, sagt Marcus Scherer.

Von seinem beruflichen Wechsel profitiert übrigens auch die Familie: Die Feierabende und Wochenenden gehören heute seiner Frau und den jungen Zwillingstöchtern.

Marcus Scherer wurde 1969 in Frankfurt am Main geboren. Aufgewachsen ist er als jüngster von drei Brüdern im hessischen Braunfels. Die klassische Hausmannskost der Mutter legt die Basis, erweitert durch einen versierten Ausbilder. Mit 16 Jahren beginnt er seine Lehre in einem kleinen Restaurant vor Ort. Während seines Aufstiegs lernt er dann unterschiedliche Küchen und deren Arbeitsstile kennen und entwickelt seinen eigenen Stil – und seine Passion fürs Kochen. Genauso wichtig wie die Zubereitung kulinarischer Köstlichkeiten sind für ihn: zufriedene Mitarbeiter. Denn nur in einem guten Arbeitsklima, so betont er, könne auch gutes Essen gelingen.

Anregungen aus meiner Gourmet-Küche

Von Marcus Scherer

Den Genuss neu entdecken

Gutes, bekömmliches und optisch ansprechendes Essen unterstützt die Genesung und weckt neuen Lebensmut. Doch nicht allein unseren Patienten möchte ich den Genuss am Essen vermitteln. Auch in unserem Alltag sollte er mehr Beachtung finden. Genuss gehört für mich zu einem gesunden und glücklichen Leben. „Genuss statt Verdruss" – so lautet meine Devise.

Lecker kochen und gemeinsam essen: die Grundlage jeder Esskultur

Essen ist also mehr als schlichte Nahrungsaufnahme, auch das Kochen sollte nicht auf Notwendigkeiten reduziert werden. Nehmen Sie sich deshalb Zeit für die Zubereitung Ihrer Lebensmittel. Kochen und Essen beflügeln Körper und Geist. Sogar bei Stress verschafft die Konzentration aufs Kochen eine erholsame Ablenkung. Ebenso beschaulich lässt sich das Essen gestalten: wenn möglich in Gesellschaft bei guten Gesprächen. Deswegen esse ich auch gerne gemeinsam mit meinem Küchen-Team – nach getaner Arbeit. Und möglichst regelmäßig sitze ich mit meiner Familie gemeinsam am Tisch – wenigstens zum Abendbrot oder am Wochenende. Kochen und zusammen essen bieten eine wichtige Abwechslung im Alltag. Für mich ist das die Grundlage jeder Esskultur. Laden Sie doch öfter Freunde zum Essen ein!

Routine entwickeln: Selber kochen macht Spaß!

Es ist ein seltsames Phänomen: TV-Kochshows erfreuen sich großer Beliebtheit – bei anhaltendem oder sogar steigendem Verzehr von Fertiggerichten aus der Mikrowelle. Wo aber bleibt die Zeit, selber zu kochen?

Hier möchte ich Sie dazu anregen, öfter den Kochlöffel zu schwingen. Nehmen Sie sich dafür Zeit und kommen Sie auf den Geschmack. In meinen Rezepten verzichte ich bewusst auf Zeitangaben für die Fertigstellung von Gerichten. Denn der Zeitaufwand ist relativ: Er hängt großenteils ab von Ihrer persönlichen Erfahrung und Routine. Stellen Sie also zunächst alle Gerätschaften und Zutaten bereit, die Sie zum Kochen brauchen, bevor sie anfangen. Schnell kann etwas in der Pfanne verbrennen, wenn sie Geräte oder Schüsseln erst suchen, während Sie kochen. Es ist kein Drama, wenn mal etwas nicht ganz gelingt. Zählen sollte der Spaß am Kochen. Also lassen Sie uns Spaß haben!

Ob Anfänger oder Könner: Meine Rezeptauswahl soll Ihnen als Wegweiser und Ratgeber dienen, wenn Sie leckere Gerichte ausprobieren, mit denen Sie sich und Ihre Lieben verwöhnen können. Die Rezepte lassen sich je nach Saison und Geschmack beliebig umgestalten, sie laden sogar ein zu Variationen. Zugleich lassen sich Zutaten einfach austauschen oder hinzufügen. Seien Sie kreativ und nutzen Sie die Freiheit meiner Rezepte!

Plädoyer für mehr Gemüse

Vegetarische Kost ist in unseren Küchen immer noch unterbewertet. Deshalb lege ich hier den Schwerpunkt auf die abwechslungsreiche Zubereitung von Gemüse. In den Rezepten lassen sich die Gemüsesorten leicht der Saison anpassen und variieren. Doch auch auf Fisch- und Fleischgerichte soll niemand verzichten, einige habe ich deswegen hier mit aufgenommen. Aber früher kamen ja auch nicht jeden Tag Fleischgerichte auf den Tisch, geschmeckt hat Mutters Küche dennoch. Vielleicht verfechte ich deswegen eine einfache und bodenständige Küche: Sie bietet wichtige Grundlagen, und mit etwas Köpfchen und Phantasie lässt sie sich immerzu „neu interpretieren“.

Ehrliche Küche für Jedermann

In der traditionellen Küche wird häufig mit Zwiebeln, Knoblauch, Pfeffer oder Chili gewürzt. In meinen Rezepten versuche ich aber bewusst, auf diese Zutaten zu verzichten. Die Gerichte lassen sich trotzdem schmackhaft gestalten: durch vielerlei frische Kräuter, Ingwer und Zitronengras. Menschen, die an Unverträglichkeiten leiden, kommen damit erstaunlich gut zurecht und müssen auf kein Geschmackserlebnis verzichten. Wer bestimmte Zutaten nicht gut verträgt, soll sein Essen doch trotzdem genießen können.

Eine ehrliche Küche für jedermann sollte allerdings meiden, was Fertigprodukte oft enthalten – so etwa künstliche Geschmacksverstärker, Allergene oder Zusatzstoffe. Wer zudem auf Fertig-Gewürzmischungen verzichtet und frische Kräuter bevorzugt, wird den Unterschied gleich schmecken.

Der eigene Kräuteranbau gelingt sogar auf der Fensterbank, auf Balkon oder Terrasse. Selbstgezogene Kräuter schmecken nicht nur besser, zuhause wirken sie auch dekorativ. Glücklich darf sich schätzen, wer im eigenen Garten ein Gemüse- und Kräuterbeet anlegen kann.

Übrigens: Bevor Kräuter verderben oder vertrocknen, bleiben sie noch für zwei bis drei Wochen haltbar, wenn sie abgezupft und mit Olivenöl aufgemixt in einem Schraubglas im Kühlschrank aufbewahrt werden. So sind sie verwendbar für Dressings, Fleischmarinaden oder für die Würze von Antipasti und Wok-Gemüse.

Wichtige Utensilien in der Küche

Jetzt keine Panik: Meist reichen die vorhandenen Geräte im Haushalt aus. Wer aber gerne und öfter kochen will, sollte sich die Anschaffung von Geräten überlegen, die das Kochen erleichtern. Dazu gehören verschiedene Messer zum Schneiden und Putzen von Fleisch, Fisch und Gemüse, ebenso Sparschäler und Schälmesser. Gute Qualität zahlt sich hier aus. Ein Wetzstahl sollte nicht fehlen, damit der Spaß an den Messern erhalten bleibt.

Unabdingbar sind Töpfe und Pfannen in verschiedenen Größen. Geeignete Schüsseln und Siebe brauchen Sie etwa zum Waschen und Anmachen von Salaten sowie zum Anrühren von Dressings. Eine Küchenwaage erlaubt die genaue Dosierung der Zutaten. Mit dem Stabmixer gelingt das Pürieren und Zerkleinern von Zutaten. Holzlöffel, Fleischzange, Teigschaber und Einweg-Spritzbeutel mit Tüllen erleichtern so manchen Arbeitsgang.

Ein Grundsortiment von länger haltbaren Gewürzen sollte nie fehlen. Dazu zählen etwa Meersalz, Pfefferkörner und Pfeffermühle, Muskatnüsse mit Reibe, Soja-Sauce, Honig, Fenchelsaat, Olivenöl und Balsamico. Auch eine Curry-Mischung in ihrem Vorrat empfehle ich: Testen Sie die Vielfalt!

Mit einer guten Planung starten

Gute, gesunde und schmackhafte Küche fängt beim Einkauf an und bedarf sorgfältiger Planung. Überlegen Sie, was Sie kochen möchten, dann folgt ein Blick in den Kühlschrank: Was lässt sich daraus verarbeiten? Oft werden „Reste“ leider viel zu schnell entsorgt. Dabei könnte man daraus oft noch etwas Leckeres zaubern – zusammen mit einem Vorrat an länger haltbaren Grundnahrungsmitteln. Schon in meinem früheren Ein-Mann-Haushalt habe ich Fleisch- oder Gemüsereste zu den heute wieder modernen „One-Pot-Gerichten" verwendet: Reste kurz anbraten, Reis oder Pasta dazugeben, mit Brühe oder Wasser ablöschen. Wenn vorhanden, einen leckeren Joghurt-Dip oder etwas Käse darüber und Salat dazu. In zehn Minuten zaubern Sie so ein leckeres Gericht.

Gute Tipps und Anregungen zum Einkauf gibt es auf dem Wochenmarkt, beim Gemüsehändler um die Ecke oder in Hofläden der Umgebung. Produkte der Saison und aus der näheren Umgebung würde ich bevorzugen. Kaufen Sie Klasse statt Masse – vorzugsweise Erzeugnisse aus nachhaltigem oder ökologischem Anbau. Lassen sie sich dabei vom Geschmack überzeugen!

Übrigens kann ich eine oft beobachtete Erfahrung nur bestätigen: Wer hungrig zum Einkaufen geht, lässt sich tatsächlich leichter verführen und bringt zu viele Produkte in zu großen Mengen nach Hause.

Von der Theorie zur Praxis

Nach Planung und erledigten Einkäufen geht's jetzt los: Hier kommen meine Rezepte. Wenn nicht anders angegeben, sind die Gerichte jeweils für vier Personen berechnet. In unserer Küche verwende ich zum Binden von Saucen oder Suppen durchweg Maisstärke, alternativ auch Kartoffelstärke, anstelle einer klassischen Mehlschwitze: Stärke erst am Ende des Kochvorgangs in Sauce oder Suppe einrühren, dann nur noch 5 Minuten köcheln lassen.

Zunächst möchte ich Ihnen Appetit auf meine Gemüse-Gerichte machen. Dann folgen Rezepte zu Desserts, Süßspeisen und Kuchen. Allerlei nützliche und leckere Tipps für Ihre Küche habe ich in einem kleinen Kapitel danach für Sie unter „Dies und Das" zusammengestellt. Rezepte aus der Küche meiner Mutter sowie einige Anregungen zu Fleisch- und Fischgerichten runden meine Sammlung ab.

MEHR KRAUT UND RÜBEN: GEMÜSE DER SAISON – FRISCH AUF DEN TISCH

Global denken und beim Kochen vorzugsweise frische Produkte aus der Region verwenden: Diesem Grundsatz folge ich in meiner Küche. Denn nicht nur Erdbeeren schmecken am besten, wenn sie bei uns in der Sonne gereift sind und keine allzu langen Transportwege hatten. Äpfel und Gemüse müssen nicht aus Übersee kommen. Auch braucht nicht jede Möhre wohlgeformt der anderen gleichen.

Wann aber werden Obst, Gemüse und Salate bei uns im Freiland geerntet? Was hat wann Saison? Welcher Salat gedeiht bei uns auch im Winter? Und welche Produkte überstehen längere Lagerzeiten ohne Schaden? Persönliche Auskünfte bekommen Sie dazu beim Gemüsehändler oder im Hofladen. Zudem ist jeder Supermarkt verpflichtet, seine Produkte mit einem Herkunftsnachweis zu versehen. Übersichten finden sich auch im Netz. So gibt etwa der Saisonkalender von „Utopia“ einen Überblick, zu welchem Zeitpunkt im Jahr Obst und Gemüse im Freiland geerntet werden, unter: www.utopia.de.

Auberginen-Sandwich

Zutaten

3 Auberginen
400 g Mozzarella
1 Bund Basilikum
Rosmarin
Thymian
Meersalz aus der Mühle
Olivenöl
1 Dose geschälte Tomate (400 ml)
1 Möhre
50 g Honig

Zubereitung

Möhre waschen, schälen und in kleine Würfel schneiden. In etwas Olivenöl andünsten, mit Salz, Honig, Rosmarin und Thymian abschmecken. Geschälte Tomaten zerdrücken und dazugeben. Etwa 15 Minuten köcheln lassen, um das Wasser zu verdampfen.

Auberginen waschen und putzen, der Länge nach in 1 cm dicke Scheiben schneiden. Mit Salz, Olivenöl, Rosmarin und Thymian würzen und auf ein Backblech legen. Im vorgeheizten Ofen bei 260 °C rund 8 Minuten bräunen. Herausnehmen und erkalten lassen. Mozzarella in Scheiben schneiden, im Wechsel mit etwas Tomatensauce und einem Blatt Basilikum auf den Auberginenscheiben stapeln: pro Sandwich 3 Scheiben, mit einer Scheibe Mozzarella aufhören. 15 Minuten im Ofen auf 200 °C backen.

Auberginen-Gemüsepfanne mit Würzreis

Zutaten

3 Auberginen
1 Zucchini grün
200 g Süßkartoffeln
1 Fenchel
2 Fleischtomaten
1 rote Zwiebel
Rosmarin, Thymian
Olivenöl
150 g Naturjoghurt
Basilikum
Zitrone
Salz, Muskatnuss
350 g Reis
2 Lorbeerblätter
2 Nelken
2 Piment
2 Wacholder
50 g Ingwerknolle

Zubereitung

Lorbeerblatt, Nelken, Piment und Wacholder in ein Küchentuch geben und leicht zerdrücken. Ingwer mit Schale klein schneiden und dazugeben. Tuch mit einem Faden zubinden.
Reis in kochendes Salzwasser im Verhältnis 1:2 geben. Gewürzsäckchen zufügen und den Reis garen, bis das Wasser aufgenommen ist.
Gemüse waschen und putzen. Aubergine der Länge nach vierteln, Kerne entfernen und in 3 cm große Stücke schneiden. Fenchel, Süßkartoffel und Zwiebel grob würfeln, Tomaten entstrunken und sechsteln.
Auberginen in etwas Olivenöl anbraten, Zwiebel dazugeben, kurz anrösten.
Restliches Gemüse dazugeben und mit Salz und Kräutern würzen. Tomaten hinzufügen und die Gemüsepfanne im Sud garen lassen. Joghurt mit Basilikum, Zitronenzeste, Honig und Salz würzen.

Auberginen-Piccata mit Tomaten-Oliven-Sauce und Kräuterreis

Zutaten

2 Auberginen (je 200 g)
2 Eier
100 g Parmesan oder Grana Padano, frisch gerieben
60 g Mehl
100 ml Milch oder Sahne
Salz und Pfeffer
1 Zweig Rosmarin und Thymian
125 ml Olivenöl oder Pflanzenöl
1 Dose geschälte Tomaten (400 ml)
1 Möhre
1 Esslöffel Honig
½ Bund Basilikum
150 g Oliven schwarz oder grün
Salz
2 EL Olivenöl
250 g Reis
Salz und frische Kräuter nach Belieben

Zubereitung

Reis im Verhältnis 1:2 mit Wasser und etwas Salz garen, bis die Flüssigkeit komplett aufgenommen ist. Zur Seite stellen, vor dem Servieren frischgeschnittene Kräuter unterheben.

Für die Sauce: Möhre schälen, in kleine Würfel schneiden, in etwas Öl andünsten. Honig dazugeben und die Möhren leicht glacieren. Oliven entkernen, in Scheiben schneiden und kurz mit glacieren. Mit den geschälten Tomaten ablöschen. Mit Salz abschmecken und 15 Minuten köcheln lassen. Basilikum zupfen und in die Sauce geben.

Für die Piccata: Aubergine waschen und in 1 cm dicke Scheiben schneiden. Eier, Parmesan oder Grana Padano, Mehl, Milch und Kräuter verrühren und abschmecken. In einer Pfanne das Öl erhitzen, die Auberginenscheiben in etwas Mehl wenden, durch den Teig ziehen und von beiden Seiten goldgelb backen.

Tipp: In diesem Rezept lassen sich Auberginen durch fast jedes beliebige Gemüse austauschen.

Balsamico-Linsen

Zutaten

250 g Linsen
500 ml Gemüsebrühe
100 g Möhre
100 g Staudensellerie
200 g Kartoffeln
1 Fleischtomate
1 Bund Blattpetersilie
100 ml alter Balsamico
Olivenöl, Salz und Honig

Zubereitung

Das Gemüse und die Kartoffeln schälen und in Würfel schneiden, in etwas Olivenöl andünsten. Die Linsen dazugeben und mit dem Balsamico ablöschen. Abschmecken und etwas reduzieren. Die Brühe nach und nach zufügen, bis die Linsen gar sind. Petersilie und das Grün des Staudenselleries fein in Streifen schneiden und zu den Linsen geben. Mit den Würfeln der entkernten Tomatenwürfel noch einmal einkochen. Das Gericht erhält seine Bindung durch die in den Kartoffeln enthaltene Stärke, weshalb sie nach dem Schälen nicht gewässert werden.

Tipp: Verwenden Sie hier je nach Geschmack die Linsensorte Ihrer Wahl: Tellerlinsen, rote oder gelbe Linsen. Allerdings sind dabei die unterschiedlichen Garzeiten zu beachten.
Dieses Gericht dient auch als Basis für einen leckeren Eintopf, etwa mit Fleisch- oder Fischstücken. Ganz schnell ist aus dem Gericht ebenso ein orientalisches Curry gemacht: Anstelle des Balsamico ergänzen Sie Gewürze und Kräuter mit Kokosmilch, Curry, Ingwer und frischem Koriander. Und wenn Sie wollen, auch mit Chili und Zwiebeln.

Birnen-Brötchen mit Tofu oder Speck

Zutaten für 10 Stück

150 g Quark
6 EL Milch
6 EL Olivenöl
20 g brauner Zucker
2 Birnen in Würfeln
50 g Räucher-Tofu oder
50 g durchwachsener Speck oder Panchetta in Würfeln
je 1 Zweig Rosmarin und Thymian
20 g Salz
300 g Mehl
1 Päckchen Backpulver

Zubereitung

Nach und nach Quark, Milch, Olivenöl und Salz in eine Schüssel geben und miteinander verrühren. Mehl mit Backpulver mischen und sieben. 150 g Mehl in die Quarkmischung geben.
Räucher-Tofu oder Speck kross anbraten. Birnen dazugeben. Braunen Zucker zufügen und leicht karamellisieren lassen. Auf einem Teller abkühlen lassen. Mit 2 Esslöffeln Mehl bestäuben. Speck, Birnen sowie Rosmarin und Thymian gerebelt und fein geschnitten zur Quarkmischung geben. Kurz unterrühren. Teig auf eine Arbeitsfläche geben. Restliches Mehl zufügen und gut durchkneten, bis ein glatter Teig entsteht.
Teig in 10 Stücke teilen, abdrehen und auf Backpapier legen. Bei 170-180 °C im Ofen auf Heißluft 20-25 Minuten goldbraun backen. Auskühlen lassen.

Tipp: Ebenso lecker wird es, wenn Sie den Teig auf einem Backblech ausrollen und im Ofen backen. Erst nach dem Auskühlen aufschneiden und mit etwas Pesto beträufeln. Dazu passen Rucolasalat und Parmaschinken.

Birnen-Ziegenkäse-Strudel

Zutaten

300 g TK Blätterteig
4 Birnen
50 ml Sweet Chili-Sauce
1 TL rosa Pfefferbeeren
1 Bund Rucolasalat
200 g Ziegenfrischkäse
50 g Honig
100 g brauner Zucker
1 Ei
Salz und Pfeffer aus der Mühle

Zubereitung

Den aufgetauten Blätterteig und auf etwa 40 x 20 cm große Stücke ausrollen. Birnen vierteln, entkernen und in 2 cm große Stücke schneiden. Zucker leicht karamellisieren, Birnen dazugeben und garen lassen. Rosa Pfeffer und Honig dazugeben. Mit Salz und Pfeffer würzen. In eine Schüssel geben.
Rucolasalat fein schneiden und zufügen. Frischkäse zerbröseln und alles vorsichtig unter die Birnenmasse heben. Der Länge nach auf dem unteren Drittel des Teiges verteilen, dabei jeweils einen Rand lassen. Von der Längsseite den Teig aufrollen. Teig mit einer Gabel einige Male einstechen.
Auf ein Backpapier setzen mit einem verquirlten Ei bepinseln. Im Backofen bei 180 °C etwa 30-35 Minuten backen.

Tipp: Zu diesem Herbstgericht passt sehr gut ein schöner Feldsalat mit Balsamico-Dressing oder ein Salat von Rosenkohlblättern.

Blumenkohl-Curry mit Chutney und Basmatireis

Zutaten

2 Köpfe Blumenkohl
200 g Möhren
1 rote Zwiebel
50 g Ingwer
1 Bund Koriander
1 Liter Kokosmilch
2 EL Honig
50 ml Sweet Chili-Sauce
50 ml Soja-Sauce oder Ketjap Manis
½ Ananas
1 Mango
1 Stängel Zitronengras
2 Fleischtomaten
30 g Maisstärke oder Kartoffelstärke
je eine Prise Curry, Salz, Pfeffer, Kreuzkümmel, Kurkuma und Fenchelsamen
350 g Basmatireis

Zubereitung

Blumenkohl putzen und in Röschen schneiden. In reichlich Salzwasser kochen, etwa ½ Teelöffel Kurkuma hinzufügen. Blumenkohl garen und mit einer Schaumkelle herausnehmen, Kochwasser aufbewahren. Möhre schälen, längs halbieren und schräg in Scheiben schneiden. Zwiebel schälen und fein würfeln.

Ingwer schälen und reiben. Die Stiele vom Koriander fein schneiden, Blätter zur Seite legen. Zitronengras mit einem Messergriff aufschlagen. Die Hälfte der Zwiebel mit dem Ingwer und den Korianderstielen anschwitzen. 2 Esslöffel Curry und 1 Teelöffel Kurkuma dazugeben und kurz anrösten. Je 1 Teelöffel Kreuzkümmel und Fenchelsamen sowie Zitronengrasstiel zufügen. Mit 0,5 Liter Blumenkohlwasser ablöschen und köcheln lassen. Mit Salz, Pfeffer und Honig abschmecken. 0,5 Liter Kokosmilch dazugeben und aufkochen lassen.

Zitronengrasstiel entfernen. Maisstärke in kaltem Wasser anrühren und langsam zu der kochenden Flüssigkeit geben – erst einmal die Hälfte. 3 Minuten kochen lassen und noch einmal abschmecken.

Für das Chutney:

Ananas und Mango schälen, putzen und in 1 cm Würfel schneiden. Fleischtomaten halbieren, entkernen und auch würfeln. Alles in eine Schüssel geben. Zwiebeln und den gezupften Koriander zufügen. Mit Salz und Pfeffer würzen. Soja-Sauce und Sweet Chili dazugeben. Mischen und beiseite stellen.

Für den Basmatireis:

Reis im Sieb mit kaltem Wasser waschen, um die Stärke zu entfernen. Reis in einem Topf andünsten, mit der doppelten Menge kochendem Wasser angießen (Wasserkocher), salzen. 2 Minuten aufkochen lassen, Deckel darauf legen. Ohne Hitze etwa 15 Minuten ziehen lassen. Deckel nicht öffnen. Alles zusammen auf Tellern anrichten.

Tipp: Sehr gut passen geröstete Nüsse dazu.

Bratnudeln mit Wok-Gemüse

Zutaten

je eine Zucchini, rote und gelbe Paprika
200 g Austernpilze
200 g Mungobohnen-Sprossen
100 g Zuckerschoten
100 g Möhren
½ Chinakohl
50 g Ingwer
1 Stängel Zitronengras
50 ml Sweet Chili-Sauce
100 ml Soja-Sauce
50 ml Ketjap Manis
Kurkuma, Fenchelsaat, Cumin
Salz
50 g Honig
250 g Mie-Nudeln
1 Bund Koriander

Zubereitung

Die Mie-Nudeln in eine Schüssel geben mit 50 ml Soja-Sauce und 1 TL Kurkuma. Nudeln mit heißem Wasser bedecken und für 10-15 Minuten einweichen. Gemüse waschen und putzen und in Streifen oder Rauten schneiden. Den Kohl putzen, waschen und in 5 cm große Stücke schneiden.
Gemüse in einer großen Pfanne in etwas Rapsöl anbraten. Ingwer reiben und dazugeben, dann den Kohl zufügen. Zitronengras mit dem Messerrücken aufschlagen und dazugeben, danach je etwa 1 TL Kurkuma, Fenchelsaat und Cumin. Mit Soja-Sauce und Ketjap Manis ablöschen, mit Honig und etwas Salz würzen. Aus der Pfanne nehmen. Nudeln abschütten und abtropfen lassen. In einer heißen Pfanne mit etwas Öl scharf anbraten. Erst zum Schluss das Gemüse zufügen und kurz vermischen. Korianderstiele fein, die Blätter grob schneiden, alles darüber streuen.

Tipp: Eventuell mit gerösteten Cashewkernen und geröstetem Sesam garnieren. Auch Granatapfelkerne würden gut dazu passen.

Couscous mit Minz-Joghurt und Granatapfel

Zutaten

200 g Couscous
400 ml heißes Wasser
1 Zucchini
1 Granatapfel
200 g Naturjoghurt
frische Minze und Koriander
1 Knolle Ingwer (daumengroß)
Fenchelsamen, Kreuzkümmel, Kardamom, Rosmarin und Thymian nach Belieben

Zubereitung

Joghurt in eine Schüssel geben. Koriander und Minze gezupft einrühren. Ein 2 cm großes Stück Ingwer schälen, fein reiben und zum Joghurt geben.

Je 1 Teelöffel Fenchelsamen und Kreuzkümmel in einer trockenen Pfanne anrösten. Eventuell 2 Kardamomkapseln zufügen: Nach dem Rösten werden sie im Mörser zerstoßen oder in Folie gewickelt, mit einem kleinen Topf oder Messer zerdrückt. Couscous mit den Gewürzen in eine Schüssel geben. Mit kochendem Wasser im Verhältnis 1:2 übergießen, abdecken und quellen lassen.

Granatapfel halbieren, mit der offenen Seite nach unten über eine Schüssel halten. Mit einem Löffel darauf klopfen: So fallen nur die Kerne heraus, die weiße Fruchthaut bleibt im Granatapfel. Zucchini in feine Würfel schneiden, in etwas Öl anbraten, salzen, mit Rosmarin und Thymian zum Couscous geben.

Couscous auf 4 Tellern anrichten, Joghurt-Dip in Streifen darüber geben, Granatapfelkerne darüber verteilen.

Corn Chowder (Maissuppe)

Zutaten

150 g Hähnchenbrust
1 Zwiebel
200 g geschälte Kartoffeln
200 g geschälte Möhren
400 ml Gemüsebrühe
400 ml Milch
400 ml Sahne
1 Dose Mais (450 ml)
Salz, Chili oder Tabasco
½ Bund Koriander

Zubereitung

Gemüse waschen, putzen und in 2 cm große Würfel schneiden. Hähnchenbrust waschen, abtupfen und ebenfalls klein schneiden. Fleisch in einem Topf anbraten, herausnehmen. Gemüse im gleichen Topf anbraten. Mit Brühe, Milch und Sahne ablöschen, abschmecken. Gemüse weichkochen, Hühnchen und Mais dazugeben.

Kartoffel-Lauchcremesuppe

Zutaten

400 g geschälte Kartoffeln
1 Zwiebel
200 g Lauch
100 g Möhre
500 ml Gemüsebrühe
250 ml Sahne
400 ml Milch
Salz und Muskat
½ Bund Blattpetersilie
½ Bund Liebstöckel

Zubereitung

Gemüse waschen, putzen und in 2 cm große Würfel schneiden. Gemüse in einem Topf anbraten. Mit Brühe, Milch und Sahne ablöschen, abschmecken. Gemüse weichkochen. Ein Drittel der Menge entnehmen und aufmixen. Suppe mischen und abschmecken.

Tomaten-Orangen-Cremesuppe

Zutaten

1 rote Zwiebel
1 EL Tomatenmark
2 Dose geschälte Tomaten (850 ml)
250 ml frisch gepressten Orangensaft
250 ml Sahne
10 g Zucker oder Honig
15 g Salz

Zubereitung

Zwiebel schälen und klein schneiden. In einem Topf anbraten, Tomatenmark und Gewürze dazugeben. Mit Orangensaft, Tomaten und Sahne ablöschen. Suppe 15 Minuten köcheln lassen. Aufmixen und noch einmal abschmecken.

Tipp: Als Einlage eignen sich hervorragend warme Croutons, gebratener Fisch oder mediterrane Salami, in feine Stücke geschnitten. Vegane Variante: mit Tofu und Sojamilch.

Erdbeer-Avocado-Strudel

Zutaten

1 Platte TK-Blätterteig
1 Avocado
125 g Mozzarella
150 g frische Erdbeeren
250 g Magerquark
2 EL Olivenöl
Salz und Pfeffer
2 EL Sweet Chili-Sauce
1 Prise indisches Curry
¼ Bund frischer Koriander
2 Zweige frische Minze
2 Eier

Zubereitung

Avocado halbieren, mit einem Löffel das Fruchtfleisch aus der Schale nehmen und in 1 cm große Würfel schneiden. Mozzarella sowie die gewaschenen und geputzten Erdbeeren ebenso groß würfeln.
Quark in eine Schüssel geben, mit Salz und Pfeffer würzen. 1 Ei dazugeben.
Sweet Chili und Curry hinzufügen. Die vorbereiteten Würfel unterheben. Minze abzupfen, Koriander grob schneiden, beides dazugeben. Vermischen und noch einmal abschmecken.
Den auf dreifache Größe ausgerollten Blätterteig halbieren. Masse jeweils auf der Unterseite verteilen, dabei 2 cm Rand frei lassen. Ei verquirlen, Rand des Blätterteiges einstreichen.
Die kurze Teigseite links und rechts jeweils 4 cm einschlagen, dann von der Längsseite einrollen. Strudel mit Ei bestreichen und im vorgeheizten Ofen bei 180 °C mit Ober- und Unterhitze 20-25 Minuten backen. Etwas abkühlen lassen, jeden Strudel in vier Teile schneiden.

Tipp: Als Beilage empfiehlt sich ein schöner Salat. Gut passen Rucola, Feldsalat oder Endiviensalat mit einem leichten Balsamico-Honig-Dressing.

Falaffel-Bällchen mit Joghurt-Honig-Dip

Zutaten für 10 Portionen

400 g Kichererbsen
200 g Möhren
100 g Knollensellerie
1 Zwiebel
1 Stange Lauch
1 Bund Koriander
1 Bund Blattpetersilie
20 g Ingwer gerieben
2 TL Kurkuma
50 ml Olivenöl
je eine Prise Salz, Pfeffer, Cumin
500 g Naturjoghurt
50 g Honig
50 ml Soja-Sauce
1 Limette für Saft und Zesten

Zubereitung

Kichererbsen über Nacht in kaltem Wasser einweichen. Gemüse waschen und in 1 cm große Würfel schneiden. Fein geschnittenes Gemüse in einem Topf anbraten. Die Gewürze dazugeben, kurz mitrösten und garen lassen.
Ein Drittel der Kräuter zur Seite stellen für den Dip.
Eingeweichte Kichererbsen abschütten und gemeinsam mit den frischen Kräutern mit dem Wolf oder der Küchenmaschine pürieren. Olivenöl zufügen, dann das Gemüse zu den Kichererbsen geben und gut miteinander vermengen. Kleine Bällchen oder flache Frikadellen abdrehen und im tiefen Fett goldgelb backen.
Danach bei 140 °C im Ofen 10-15 Minuten fertig garen.
Für den Dip Joghurt in eine Schüssel geben. Gewürze und Kräuter dazugeben und verrühren.

Falaffel-Burger mit orientalischem Rotkohl und Joghurt-Dip

Zutaten für 6 Burger

1 türkisches Fladenbrot
200 g Kichererbsen
50 g Möhren
50 g Knollensellerie
1 Bund Lauchzwiebeln
1 Bund Koriander
1 Bund Blattpetersilie
20 g Ingwer gerieben
2 TL Kurkuma
50 ml Olivenöl
je eine Prise Salz, Pfeffer, Cumin

Zutaten für den Rotkohl

500 g Rotkohl frisch
50 ml Olivenöl
30 g brauner Zucker
1 TL Fenchelsamen
1 Prise Zimt
20 ml Balsamicoessig
50 g Sweet Chili-Sauce
10 g frischer Ingwer
Salz

Zutaten für den Joghurt-Dip

500 g Naturjoghurt
1 Limette (Saft und Zesten)
1 reife Mango „ready to eat"
50 g gerösteter Sesam
50 g Honig
30 g Ingwer
1 TL Curry
Salz

Zubereitung

Kichererbsen über Nacht in kaltem Wasser einweichen. Gemüse waschen und in 1 cm große Würfel schneiden. Fein geschnittenes Gemüse in einem Topf anbraten.

Die Gewürze dazugeben, kurz mitrösten und garen lassen.

Eingeweichte Kichererbsen abschütten und gemeinsam mit den frischen Kräutern mit dem Wolf oder der Küchenmaschine pürieren. Olivenöl dazugeben. Gemüse zu den Kichererbsen geben und gut miteinander vermengen. Daraus 6 Burger abdrehen. Diese in einer Pfanne anbraten und im Ofen auf 180 °C etwa 10 bis 15 Minuten fertig garen.

Rotkohl vierteln und in 2 cm breite Streifen schneiden. Auf ein Backblech legen und mit Zucker, Olivenöl, Fenchelsaat und Zimt marinieren. Backofen auf 250 °C vorheizen, Kohl 8-10 Minuten darin rösten. Herausnehmen und mit Essig ablöschen. Mit Sweet Chili, Salz und Ingwer würzen.

Joghurt in eine Schüssel geben, Gewürze zufügen, Mango schälen, Fruchtfleisch würfeln und zum Dip geben. Sesam zum Schluss einrühren. Fladenbrot im Ofen erwärmen. In 6 Stücke schneiden. Etwas Rotkohl auf die Unterseite geben. Burger darauf legen und mit dem Joghurt-Dip überziehen.

Oberseite darauf setzen, noch warm und frisch servieren.

Fenchel-Crumble

Zutaten

4 Fenchelknollen
4 EL Olivenöl
je eine Prise Meersalz, Pfeffer
200 g Mehl
125 g brauner Zucker
100 g Butter
50 ml Olivenöl
4 Zweige Rosmarin
4 Zweige Thymian

Zubereitung

Den Fenchel waschen und vierteln, den Strunk entfernen. Mit Salz, Pfeffer, Kräutern, Olivenöl und Knoblauch würzen. Auf ein Backblech legen, bei 250 °C im vorgeheizten Backofen etwa 10-15 Minuten garen und leicht bräunen lassen.

Die weiche Butter mit den restlichen Zutaten zu Streuseln verkneten. Den Teig nicht glatt kneten. Sollte er zu weich sein, noch etwas Mehl dazugeben. Fenchel in vier Portionen aufteilen und auf ein Backblech geben. Streusel gleichmäßig darauf verteilen. Bei 220 °C noch einmal 10-15 Minuten backen, bis die Streusel goldgelb sind.

Tipp: Zu diesem Gemüse-Crumble empfehlenswerte Beilagen sind Würz- oder Kräuterreis und eine Tomatensauce. Ebenfalls passend: kleine neue Kartoffeln, im Ofen gegart. Im Sommer können Sie auch einen Kräuter-Dip servieren.

Feta im Blätterteigmantel mit Oliven-Tapenade und Ofengemüse

Zutaten

2 Platten TK Blätterteig
800 g Feta
100 g Honig
je 4 Zweige Rosmarin und Thymian
200 g Schwarze Oliven
125 ml Olivenöl
1 rote Zwiebel
½ Bund Blattpetersilie
1 Salatgurke
1 Staudensellerie
1 Zucchini
2 Fleischtomaten
1 Ei

Zubereitung

Feta aus der Lake nehmen, abtropfen lassen. Aus Honig, Olivenöl und der Hälfte der Kräuter eine Marinade zubereiten und den Feta damit bestreichen. 15 Minuten ziehen lassen.

Den Blätterteig halbieren und jeweils auf 15 x 10 cm ausrollen. Mit einer Gabel mehrmals einstechen. Feta auf den Blätterteig geben, die Seiten des Teigs andrücken, damit der Feta rundherum eingebettet ist. Oben bleibt er offen. Den Feta mit dem Rest der Marinade bestreichen. Das Ei verquirlen und den Teig damit bepinseln. Im Ofen bei 180 °C rund 25 bis 30 Minuten goldgelb backen.

Gemüse waschen und putzen. Die Gurken der Länge nach halbieren und entkernen. Beim Staudensellerie mit einem Sparschäler die Fäden abziehen. Die Zucchini der Länge nach vierteln und das Kerngehäuse entfernen. Zwiebel schälen und achteln, eine Hälfte ins Gemüse geben. Alles zusammen in einer Pfanne anbraten. Kräuter zufügen, salzen. Tomaten entstrunken, achteln und zum Gemüse geben, leicht einkochen lassen. Die andere Zwiebelhälfte fein würfeln, Oliven entkernen und fein hacken. Zwiebelwürfel anbraten, Oliven dazugeben und durchrühren. Blattpetersilie schneiden und mit dem Olivenöl zu den Oliven geben.

Gemüse-Bolognese

Zutaten

100 g Lauch
je 150 g Möhren, Sellerie, Süßkartoffeln und Zucchini
je 15 g gezupfter Rosmarin, Thymian und Salbei
300 ml Gemüsebrühe
1 Dose geschälte Tomaten (400 ml)
1 EL Tomatenmark
Olivenöl, Salz
Parmesan oder Grana Padano
Rucolasalat

Zubereitung

Gemüse waschen und in 1 cm große Würfel schneiden. Kräuter abzupfen. In einem Topf mit Olivenöl kurz anbraten. Tomatenmark dazugeben und anrösten.
Mit Brühe und geschälten Tomaten ablöschen. Leicht salzen und etwa 1 Stunde köcheln lassen. Geschnittene Kräuter dazugeben und abschmecken.
Die Bolognese zum Anrichten in eine Schüssel geben. Grob geschnittenen Rucola und frisch geriebenen Parmesan oder Grana Padano darüber streuen. Mit etwas Olivenöl beträufeln.

Holsteiner Kartoffeleintopf mit Räucher-Tofu

Zutaten

200 g Möhren
200 g Knollensellerie
400 g festkochende Kartoffeln
1 Hokkaido-Kürbis (500 g)
½ Bund Blattpetersilie
½ Bund Liebstöckel
½ Bund Majoran
1 Stange Lauch
1 Gemüsezwiebel
2 Liter Gemüsefond
Salz, Muskat, gemahlener Kümmel
Lorbeerblatt
Zucker, Olivenöl
200 g geräucherten Tofu

Zubereitung

Gemüse waschen, schälen und in 1-2 cm große Stücke schneiden. Petersilie abzupfen und in Streifen schneiden. Liebstöckel bis zu den Stielen in Streifen schneiden. Majoran abzupfen. Für einen eigenen Gemüsefond die Gemüseabschnitte und Kräuterreste in einem Topf mit 2,5 Litern Wasser aufkochen, 20 Minuten köcheln lassen und absieben. Tofu in feine Würfel schneiden, in einer Pfanne anbraten, leicht mit etwas Zucker karamellisieren und die geschnittenen Kräuter dazugeben. Gemüsewürfel in etwas Öl andünsten. Mit dem Gemüsefond ablöschen, abschmecken und etwa 25 Minuten köcheln lassen. Ein Drittel der Suppe herausnehmen und mit dem Stabmixer fein aufmixen. Wieder zurück in den Topf geben. Eintopf auf Teller verteilen und mit dem gebratenen Tofu garnieren.

Tipp: Gemüsezwiebeln und Lauch können Sie für eine leichte Variante weglassen.

Gemüseschnitzel mit Kräuter-Dip und Möhren-Kartoffel-Püree

Zutaten

1 kg Gemüse nach Belieben
150 g Semmelbrösel
2 Eier
50 ml Milch
50 g Mehl
½ Bund Liebstöckel
1 kg Kartoffeln, mehlig kochend
50 g Butter
500 g Möhren
2 EL Honig
Öl, Salz, Muskatnuss
1 Liter Milch
100 g Magerquark
100 g Naturjoghurt
Salz, Zitrone, Honig
Schnittlauch, Petersilie und Kerbel

Zubereitung

Kartoffeln waschen, schälen, halbieren und in reichlich Salzwasser weichkochen. Abschütten und abdampfen lassen. Kartoffeln stampfen, Butter dazugeben und Milch allmählich einrühren, immer nur so viel, bis das Püree geschmeidig ist.
Möhren schälen und in 1 cm große Würfel schneiden. In etwas Olivenöl andünsten, Honig zufügen, salzen und in der Pfanne garen. Möhrenwürfel und geschnittenen Liebstöckel unter das Püree heben.
Gemüse waschen, wenn nötig schälen und in 1 cm dicke Scheiben schneiden: Zucchini der Länge nach, Kohlrabi und Sellerie erst halbieren, dann in Scheiben. Gemüse salzen, klassisch panieren: zunächst in Mehl wenden, dann in einer leicht gesalzenen Ei-Milch-Mischung mit dem geschnittenen Liebstöckel, zuletzt in Semmelbröseln. In etwas Öl goldgelb ausbacken. Joghurt und Quark verrühren. Mit Salz, Zitrone, Honig und den Kräutern würzen.

Tipp: Zucchini, Sellerie oder Kohlrabi eignen sich sehr gut für dieses Rezept. Auch Spargel oder Staudensellerie könnte ich mir vorstellen, in diesem Fall die Stangen nicht zerteilen.

Gemüse-Tempura mit orientalischem Linsen-Ragout

Zutaten

1. Gemüse-Tempura

600 g geputztes Gemüse der Saison: Zucchini, Möhren, Kohlrabi, Staudensellerie, Zuckerschoten, Pilze
80 g Mehl oder Reismehl
1 Eiweiß
80 g eiskaltes Wasser
Salz
1 Prise Kurkuma
1 EL frischer Koriander
0,5 l Öl zum Ausbacken

2. Orientalisches Linsen-Ragout

200 g Linsen
500 ml Gemüsebrühe
100 g Möhre
100 g Staudensellerie
50 g getrocknete Datteln
50 g getrocknete Aprikosen
1 Fleischtomate
½ Bund Blattpetersilie
200 ml Kokosmilch
Sesamöl
Salz
20 g frischen Ingwer
1 TL Cumin
1 TL Fenchelsaat
je 1 TL Curry und Kurkuma
½ Bund Koriander

Zubereitung der Linsen

Staudensellerie waschen, Stiele putzen, das Grün zur Seite legen. Möhren waschen und schälen. Beides in 2 x 2 cm große Würfel schneiden und in einem Topf mit etwas Sesamöl anbraten. Die Linsen zufügen und kurz anrösten. Datteln und Aprikosen würfeln und ebenfalls dazugeben. Gewürze zufügen, kurz anrösten. Mit Kokosmilch ablöschen. Die Brühe nach und nach dazugeben bis die Linsen gar sind, etwa 10-15 Minuten. Petersilie und Koriander fein schneiden und am Ende der Garzeit zu den Linsen geben. Wer es schärfer mag, kann gerne mit Chili oder schwarzem Pfeffer nachhelfen. Das Linsen-Ragout sollte leicht cremig sein. Die Blätter vom Staudensellerie als Dekoration nutzen.

Zubereitung des Tempura

Das saisonale Gemüse waschen, putzen und in etwa 8 x 2 x 2 cm große Stücke schneiden. Mehl, kaltes Wasser und Gewürze verrühren und 10 Minuten stehen lassen. Angeschlagenes Eiweiß unterheben. Öl in einem tiefen Topf erhitzen. Gemüse einzeln durch den Backteig ziehen und im tiefen Fett goldgelb ausbacken. Auf Küchenpapier abtropfen lassen. Linsen auf einem Teller anrichten, das Tempura darauf verteilen.

Gnocchi al pesto e pomodori

Zutaten

1 kg vorwiegend festkochende Kartoffeln
150 g Grieß
2 St Eigelb
200 g Stärke
Salz und Muskatnuss
250 g Kirschtomaten
30 g Zucker
je 1 Zweig Rosmarin und Thymian
2 Bund Rucolasalat
50 g geröstete Pinienkerne
50 g geröstete Mandelstifte
150 g Parmesan oder Grana Padano gerieben
400 ml Olivenöl
Salz

Zubereitung

Stiele der Rucola-Blätter abschneiden, Stiele und Blätter separat waschen. Stiele mit Nüssen, Parmesan oder Grana Padano und 300 ml Olivenöl aufmixen, leicht salzen. Kirschtomaten waschen, mit Zucker, 50 ml Olivenöl, Salz und den Kräutern mischen. Flach in eine Auflaufform geben und bei 200 °C im Ofen 8-10 Minuten karamellisieren lassen.

Kartoffeln in der Schale kochen, abdampfen lassen und pellen. Durch eine Kartoffelpresse auf die Arbeitsfläche pressen. 100 g frisch geriebenen Parmesan oder Grana Padano, 50 ml Olivenöl und Eigelb dazugeben. Verkneten und Stück für Stück die Stärke untermischen bis ein formbarer Teig entsteht. Teig in Stücke von etwa 100 g teilen und zu langen Rollen mit 2-3 cm Durchmesser formen. Mit einem Messer in 3 cm lange Stücke teilen, mit den Zinken einer Gabel einmal abrollen und auf ein Backblech legen. Mit Grieß bestreuen, damit die Gnocchi nicht kleben.

In reichlich kochendes Salzwasser geben, vom Herd nehmen und ziehen lassen, bis die Gnocchi an der Oberfläche schwimmen. Vorsichtig mit einer Schaumkelle herausnehmen und auf ein Blech mit etwas Olivenöl ablegen. Pesto kurz in einer Pfanne erwärmen, die gegarten Gnocchi mit etwas Kochwasser dazugeben. Kirschtomaten und die Rucola-Blätter darüber streuen. Mit 50 g frisch geriebenem Parmesan oder Grana Padano dekorieren.

Kalte Kartoffelsuppe mit Gurken-Croutons

Zutaten

400 g Kartoffeln
100 g Möhren
1 Fleischtomate
1 l Gemüsebrühe oder Wasser
500 ml Buttermilch
Salz und Muskat
½ Bund Liebstöckel
½ Bund Blattpetersilie
200 g Toastbrot
50 ml Olivenöl
1 Salatgurke

Zubereitung

Kräuter waschen, Blätter abzupfen und grob schneiden. Stiele zur Seite legen.
Gemüse waschen, putzen und in 2 cm große Würfel schneiden. Gemüse in einem Topf farblos anbraten, Kräuterstiele dazugeben. Mit Brühe ablöschen, mit Salz und Muskat abschmecken. Gemüse weichkochen und fein mixen. Abkühlen lassen und die Buttermilch dazugeben. Eventuell noch etwas Brühe zufügen, falls die Suppe zu cremig ist.
Toastbrot in 1 cm große Würfel schneiden und in Olivenöl goldgelb ausbacken.
Gurke halbieren und entkernen, in 1 cm große Würfel schneiden. Tomate waschen, vierteln, entkernen und ebenfalls würfeln. Gurke, Tomate, Kräuter mit warmen Croutons mischen. Suppe auf Teller verteilen und mit den Gurken-Croutons garnieren.

Tipp: Kalte Suppen sind der Renner für heiße Sommertage!

Kalte mediterrane Gemüsesuppe mit Oliven-Crostini

Zutaten

500 g Fleischtomaten
500 g gemischte Paprika
1 Salatgurke
100 g Möhre
300 ml Gemüsebrühe oder eine Dose geschälte Tomaten
Salz und Muskat
50 g Honig
Tabasco oder Chili nach Belieben
½ Bund Blattpetersilie
½ Bund Basilikum
1 Bund Rucola
1 Ciabatta
50 ml Olivenöl
100 g gemischte Oliven

Zubereitung

Petersilie waschen und grob schneiden. Vom Basilikum die Blätter abzupfen. Rucolasalat waschen, Stiele abschneiden und zur Seite legen. Blätter in 3 cm lange Stücke schneiden.

Gemüse waschen, putzen und in 2 cm große Würfel schneiden, alles zusammen mit Brühe, Petersilie, Rucolastielen und Basilikumblättern grob aufmixen. Mit Salz, Muskat und Honig abschmecken.

Ciabatta in 1 cm dicke Scheiben schneiden und mit etwas Olivenöl goldbraun backen, aus der Pfanne nehmen. Oliven entsteinen, grob schneiden und kurz in der Pfanne anschwenken. Rucolasalat dazugeben.

Suppe auf Teller verteilen, Rucola-Olivenmischung auf die Crostini verteilen und als Beilage servieren.

Tipp: Anstelle der Fleischtomaten eignen sich auch gemischte Tomaten vom Wochenmarkt. Die Gemüsebrühe lässt sich hier auch ersetzen durch eine Dose geschälter Tomaten.

Kartoffel-Spinat-Frikadellen an Gorgonzola-Sauce

Zutaten

1 kg mehlig kochende Kartoffeln
500 g frischer Blattspinat oder 750 g TK-Spinat
150 g Frischkäse
2 Fleischtomaten
Salz und Pfeffer aus der Mühle
Muskat frisch gerieben
1 rote Zwiebel
je 1 Zweig frischer Rosmarin und Thymian
1 Knoblauchzehe nach Belieben
100 g Semmelbrösel

Vorbereitungen

Die Kartoffeln waschen, schälen, halbieren und in einen Topf mit Salzwasser geben. Die Tomaten einschneiden, in kochendem Wasser 10 Sekunden abkochen.

In kaltem Wasser abkühlen, Haut abziehen, vierteln, entkernen, in 1 x 1 cm große Würfel schneiden.

Zwiebeln schälen und in kleine Würfel schneiden. Spinat waschen, Stiele abzupfen und abtropfen lassen; oder ersatzweise TK-Spinat auftauen und auspressen. Kräuter abzupfen und kleinschneiden. Alle anderen Zutaten bereitstellen.

Zutaten Gorgonzola-Sauce

150 g Gorgonzola
200 ml Sahne
¼ l Weißwein oder Brühe
¼ l Gemüsebrühe
1 rote Zwiebel
10 g Maisstärke

Zubereitung

Kartoffeln kochen, abschütten und abdampfen lassen, durch eine Kartoffelpresse pressen. Die Hälfte der Zwiebeln mit etwas Olivenöl andünsten, eventuell Knoblauch in Scheiben zufügen. Kräuter, dann Spinat dazugeben und garen. Mit Salz, Pfeffer und Muskat würzen. Frischkäse unterrühren. Zwei Drittel der Tomatenwürfel dazugeben, mit der Kartoffelmasse mischen. In 8 gleich große Stücke teilen und zu Frikadellen formen. Olivenöl in einer Pfanne erhitzen, Frikadellen von allen Seiten leicht in Semmelbröseln wenden und goldbraun anbraten. Im Ofen etwa 15 Minuten auf 170 °C Heißluft garen.

Für die Sauce die Zwiebeln andünsten, mit Brühe, eventuell auch Weißwein und Sahne ablöschen. Gorgonzola dazugeben und langsam etwa 15 Minuten köcheln lassen. Die Menge auf etwa 500 ml reduzieren und abschmecken. Sollte die Sauce nicht cremig genug sein, vorsichtig mit etwas Maisstärke abbinden, damit sie nicht zu zäh wird. Dann noch einmal aufkochen und 3-4 Minuten köcheln lassen. Restliche Tomatenwürfel zufügen, Sauce auf einen Teller geben, die goldgelbe Frikadelle darauflegen und genießen!

Kichererbsen-Curry mit Couscous

Zutaten

200 g getrocknete Kichererbsen
je 200 g Möhren und Zucchini
100 g Zuckerschoten
1 rote Zwiebel
50 g Ingwer
1 Bund Koriander
0,5 Liter Kokosmilch
2 EL Honig
je 50 ml Sweet Chili-Sauce sowie Soja-Sauce oder Ketjap Manis
1 Stängel Zitronengras
30 g Stärke
Curry, Salz, Kreuzkümmel, Fenchelsamen und Kurkuma
150 g Couscous
300 ml Gemüsebrühe

Zubereitung

Die Kichererbsen über Nacht einweichen. Einweichwasser abschütten und die Kichererbsen abwaschen. In reichlich Salzwasser etwa 60 Minuten kochen. Möhre, Zwiebel und Ingwer schälen, längs halbieren und schräg in Scheiben schneiden. Zucchini waschen, halbieren und schneiden. Zuckerschoten putzen. Die Stiele vom Koriander fein schneiden, Blätter zur Seite legen. Möhren mit der Zwiebel, dem Ingwer und den Korianderstielen anschwitzen. Je 1 Teelöffel Kreuzkümmel und Fenchelsamen dazugeben. Zwei Esslöffel Curry, ein Teelöffel Kurkuma kurz anrösten, die Zucchini zufügen. Zitronengras mit einem Messergriff aufschlagen und dazugeben. Mit 0,5 Liter Kochwasser ablöschen und köcheln lassen. Mit Salz, Pfeffer und Honig abschmecken. 0,5 Liter Kokosmilch zufügen und aufkochen. Zitronengrasstiel entfernen. Stärke in kaltem Wasser anrühren und in die kochende Flüssigkeit geben. Drei Minuten kochen lassen und noch einmal abschmecken.

Couscous mit der doppelten Menge kochendem Wasser auffüllen und abgedeckt etwa 15 Minuten ziehen lassen. Mit Salz, frischem Koriander und etwas Sweet Chili abschmecken. Hervorragend passt frische Minze zum Couscous. Wer möchte, kann das Gericht noch mit einem kleinen Dip aus Joghurt, Chili, Zitrone und Salz garnieren.

Kürbis, Süßkartoffeln und Kartoffeln aus dem Ofen

Zutaten

1 kg Hokkaido-Kürbis
1 kg Süßkartoffeln
1 kg Kartoffeln festkochend (rote Laura)
½ Bund Rosmarin
½ Bund Thymian
1 TL Curry indisch
1 TL Fenchelsaat
1 TL Cumin
1 TL Koriander
Meersalz
100 ml Olivenöl

Zubereitung

Curry, Fenchelsamen, Cumin und Koriander in einer Pfanne ohne Öl anrösten. In ein hohes Gefäß geben. Olivenöl, gezupften Rosmarin und Thymian dazugeben. Alles zusammen mit dem Mixstab zu einem Kräuteröl vermischen.

Süßkartoffeln waschen, schälen und in Spalten schneiden. Kartoffeln waschen und in Spalten schneiden. Kürbis waschen, halbieren, entkernen, in Spalten schneiden, diese dritteln. Alles zusammen mit dem Kräuteröl mischen und auf zwei Backbleche verteilen. Backofen auf 200 °C aufheizen, Spalten für 20-25 Minuten goldgelb backen. Erst jetzt die gerösteten Spalten salzen.

Tipp: Einfach als leckere Knabberei genießen. Auch ein knackiger Feldsalat als Beilage würde gut passen.

Kürbiseintopf

Zutaten

1 Hokkaido-Kürbis, etwa 1 kg
400 g Möhren
400 g Kartoffeln
1 rote Zwiebel
1 Liter Kokosmilch
1 Bund Koriander, frisch
1,5 Liter Gemüsebrühe oder Wasser
50 ml Olivenöl
30 ml Sweet Chili-Sauce
2 EL Honig
1 Ingwerknolle, daumengroß
Salz
Muskat
1 Chilischote frisch, je nach Geschmack

Zubereitung

Kürbis waschen, halbieren, entkernen und in 2 cm große Stücke schneiden. Kartoffeln und Karotten schälen, ebenfalls in 2 cm große Stücke schneiden. Zwiebel schälen, vierteln und in Streifen schneiden. Korianderstiele fein schneiden, Blätter zupfen und zur Seite legen. Ingwer schälen und reiben. Zwiebel in einem Topf mit Olivenöl andünsten. Eventuell Chilischote dazugeben. Gemüse hinzufügen und leicht anbraten. Mit Honig Salz und Muskat würzen. Mit Brühe auffüllen und 15-20 Minuten garen lassen. Kokosmilch dazugeben, aufkochen lassen. Ein Drittel der Masse aus dem Topf nehmen, fein mixen, dann wieder zur Suppe hinzufügen. Je nach Beschaffenheit der Kartoffeln noch etwas Brühe oder Wasser zum Verdünnen dazugeben. Korianderblätter in die Suppe geben, fertig.

Tipp: Als Garnitur eignen sich wahlweise Croutons vom Sauerteigbrot, Speckcroutons, geröstete Nüsse, Kürbiskernöl, gebratene Garnelen oder auch Hähnchenbrust mit Sesam. Lassen Sie ihrer Phantasie freien Lauf!

Kürbiseintopf – Kalte Mediterrane Gemüsesuppe mit Oliven-Crostini – Holsteiner Kartoffeleintopf mit Räuchertofu

Kürbis-Flan

Zutaten

1 kg Hokkaido-Kürbis
1 EL Olivenöl
je 1 Zweig Rosmarin und Thymian
350 ml Sahne
Eier
Salz, Pfeffer, Muskat
20 g frisch geriebener Parmesan oder Grana Padano
½ Bund glatte Petersilie, fein geschnitten

Zubereitung

Den Kürbis waschen, halbieren und entkernen. In 2 cm große Stücke schneiden. Mit Olivenöl, Rosmarin und Thymian würzen. Im vorgeheizten Backofen auf 200 °C etwa 15 Minuten weich garen. Ein Drittel der Würfel zur Seite stellen, den Rest mit der Sahne im Mixer aufmixen. Eier aufschlagen und mit den restlichen Zutaten unter das Kürbispüree mischen. Die restlichen Würfel auf 8 Muffin-Formen verteilen. Die Kürbismasse einfüllen und bei 160 °C im Backofen 30-40 Minuten garen.

Tipp: Der Flan kann zu einem leckeren Salat gegessen werden oder auch als eigenständiges Gericht mit einer leichten Joghurt-Sauce. Gut passen im Herbst auch gebratene Pilze und Rosenkohlblätter dazu.

Kürbis-Frikassee mit Kapernsauce und Petersilienkartoffeln

Zutaten

2 kg Hokkaido-Kürbis
je 1 Fenchel, rote Zwiebel und Zucchini
30 g geriebener Ingwer
1 TL Fenchelsaat
1 Prise Kurkuma
200 ml Sahne
300 ml Gemüsebrühe
50 g Kapernbeeren
½ Bund Blattpetersilie
½ Bund Liebstöckel
50 g Kürbiskerne geröstet
1 kg Kartoffeln
30 g Butter
Salz, Honig, Olivenöl
20 g Mais- oder Kartoffelstärke

Zubereitung

Kürbis waschen, halbieren und entkernen. In 3 cm große Stücke schneiden. Fenchel waschen, entstrunken und in Würfel schneiden. Zucchini waschen, halbieren und in Stücke schneiden. Fenchel und Zucchini in etwas Olivenöl anbraten, Fenchelsaat kurz mit rösten. Aus dem Topf nehmen und zur Seite stellen.

Nun die Kürbiswürfel und die geschnittene rote Zwiebel in den Topf geben und alles anrösten. Ingwer und etwas Honig dazugeben. Mit Brühe und Sahne ablöschen und etwa 15 Minuten garen lassen. Kapern und etwas Fond dazugeben. Mit Salz und Honig abschmecken. Stärke anrühren und in die kochende Flüssigkeit geben. Kräuter fein schneiden und hinzufügen.

Die Kartoffeln schälen, halbieren und in reichlich Salzwasser garen. Abschütten, Butter und geschnittene Blattpetersilie dazugeben.

Tipp: Hier kommt meine Lieblingskartoffel „Rote Laura" gut zur Geltung. Als Dekoration empfehlen sich etwa geröstete Kürbiskerne.

Kürbis-Lasagne

Zutaten für 4-6 Personen

2 Hokkaido-Kürbisse
1 Zwiebel gewürfelt
2 Zweige Rosmarin gehackt
2 Zweige Thymian gehackt
1 TL rosa Pfefferbeeren,
Honig und Salz
6 Strauchtomaten
je 0,5 l Sahne und Brühe
50 g Butter
1 EL Mehl
Salz und Muskat
500 g getrocknete Lasagne-Platten
100 g Parmesan oder Grana Padano
125 g Büffelmozzarella
2 EL Olivenöl

Zubereitung

Die gewaschenen Kürbisse halbieren, entkernen. Grob gerieben oder in kleine Würfel geschnitten in einem Topf leicht anbraten. Zwiebeln dazugeben und kurz rösten. Mit Honig und Salz würzen. Kräuter und Pfefferbeeren dazugeben. Zur Seite stellen.

Butter zerlassen, mit dem Mehl eine klassische Mehlschwitze ansetzen. Mit Brühe und Sahne angießen, aufkochen und abschmecken. Etwa 10 Minuten köcheln lassen, damit der Mehlgeschmack verkocht.

Etwas Olivenöl in eine rechteckige Auflaufform geben, in der die Lasagne-Platten gut passen. Mit Nudelteig anfangen, Kürbis darauf verteilen, dann etwas Sauce und Tomatenscheiben. Fortfahren, bis 4 Lagen Lasagne übereinander geschichtet sind. Mit den Tomaten aufhören. Mozzarella in Scheiben schneiden, darauf verteilen. Parmesan oder Grana Padano nicht zu fein reiben und ebenfalls über die Lasagne geben. Für rund 40 Minuten bei 160 °C Heißluft in den Backofen stellen. Zum Servieren etwas Olivenöl darüber träufeln.

Tipp: Dazu passt sehr gut Rucolasalat mit Karottenstreifen und einem leichten Balsamico-Dressing.

Mais-Blinis mit tomatisierten Zucchini

Zutaten

300 g Mais (Dose oder tiefgekühlt)
200 g Mehl
4 Zucchini
1 Dose geschälte Tomaten (400 g)
Rosmarin und Thymian
4 große Eier
1 TL Backpulver
10 g Salz
300 ml Milch
50 ml Sweet Chili Sauce
1 EL Honig
2 große oder 3 kleine Fenchelknollen
Olivenöl
1 EL Honig
250 g Magerquark
frische Petersilie
1 Bio-Zitrone
Salz und Pfeffer

Zubereitung

Zucchini waschen, putzen und der Länge nach halbieren. Schräg in 1 cm breite Scheiben schneiden. Rosmarin und Thymian zupfen. Zucchini in etwas Olivenöl anbraten, würzen, Kräuter dazugeben. Geschälte Tomaten dazugeben und köcheln lassen.

Eier, Milch, Honig, Sweet Chili und Salz in einer Schüssel verquirlen. Mehl und Backpulver sieben und einrühren. Mais abtropfen lassen und unterheben. Teig 15 Minuten quellen lassen. In einer heißen Pfanne 12 Blinis ausbacken und im Ofen warm stellen.

Quark mit Petersilie, Gewürzen und Zitronensaft und Zesten vermischen.

Tipp: Dazu passt auch ein herzhaftes Ratatouille-Gemüse. Übrigens lassen sich Zesten einfach mit einer feinen Reibe von der Zitrusfrucht abreiben. Die im Fachhandel angebotenen Zestenreißer benötigt man dafür nicht.

Mediterraner Kartoffelsalat

Zutaten für 6-8 Personen

1 kg La Ratte-Kartoffeln oder kleine neue Kartoffeln mit Schale
je 1 Zweig Rosmarin und Thymian
1 Knoblauchzehe
je 1 Paprika gelb und rot
1 rote Zwiebel
1 Zucchini
2 EL Pesto
Meersalz
Pfeffer aus der Mühle
gutes Olivenöl
alter Balsamico
2 EL Honig

Zubereitung

Kartoffeln waschen, mit etwas Olivenöl, Meersalz, Rosmarin und Thymian mischen. Auf ein Backblech legen und 30-35 Minuten bei etwa 180 °C im Ofen garen. Etwas abkühlen lassen, der Länge nach halbieren.
Gemüse waschen und putzen und alle in etwa 3 x 3 cm große Stücke schneiden.
Kartoffeln in einer großen Pfanne in etwas Olivenöl anbraten, Gemüse und Knoblauch dazugeben und 3-4 Minuten garen lassen. Mit Salz und Pfeffer abschmecken und das Pesto zufügen. Mit etwas Balsamico und Honig abschmecken und mindestens eine Stunde ziehen lassen. Nachschmecken und eventuell noch etwas Öl dazugeben.
Auf knackigen Blattsalaten anrichten.

Möhren-Crespelle mit Kräuter-Dip

Zutaten

300 g Mehl
3 große Eier
250 ml Milch
1 TL Backpulver
25 g Salz
35 g Sweet Chili-Sauce
250 g geriebene Möhre
50 g Honig
Muskat frisch gerieben
3 EL Olivenöl
250 g Quark
125 g Joghurt
Gartenkräuter nach Belieben: Petersilie, Kerbel, Dill oder Liebstöckel
Salz und Pfeffer aus der Mühle
Saft einer Orange

Zubereitung

Die geriebenen Möhren mit Olivenöl, Honig, Muskat, Salz und Sweet Chili Sauce marinieren. Eier und Milch verquirlen. Mehl und Backpulver mischen, in die Eimasse sieben und verrühren. Die marinierten Möhren unter den Teig rühren. 4 große Pfannkuchen oder 8 kleine Pfannkuchen aus der Masse backen. Goldbraun anbraten, dann wenden, fertig in etwa 2 Minuten.

Quark, Joghurt, Orangensaft und die gehackten Kräuter in eine Schüssel geben. Abschmecken und zu den Crespelle servieren.

Tipp: Dieser Teig eignet sich auch für Mini-Pfannkuchen als Fingerfood, indem Sie den Teig einfach nur mit einem Esslöffel portionieren – oder einfach aus einem großen Pfannkuchen mehrere kleine ausstechen. Zu den Möhren-Crespelle passt hervorragend ein schöner Feldsalat oder Kopfsalat mit einem einfachen Dressing aus Essig, Öl, einer gepressten gekochten Kartoffel, Salz, Pfeffer und etwas Honig.

Ofen-Feta mit Oliven-Tapenade

Zutaten

600 g Fetakäse
150 g schwarze Oliven mit Stein
1 rote Zwiebel
125 ml Olivenöl
2 EL Honig
½ Bund Blattpetersilie
1 kg La Ratte-Kartoffeln
(oder kleine neue Kartoffeln)
2 EL Olivenöl
1 Aubergine
1 Zucchini
1 Fenchel
2 Fleischtomaten
Rosmarin, Thymian
Meersalz

Zubereitung

Die Kartoffeln waschen, abbürsten, mit Olivenöl, Kräutern und Meersalz würzen. Bei 180 °C im Backofen 35 Minuten garen. Tomaten beiseite legen.
Gemüse waschen, in 4 cm große Stücke schneiden. In Olivenöl anbraten, Salz, Pfeffer und frische Kräuter dazugeben. Wenn alles Farbe hat, die Tomaten hinzufügen, 4-5 Minuten schmoren lassen. Feta in 4 schöne Scheiben schneiden. Mit etwas Olivenöl in eine feuerfeste Form legen.
Rote Zwiebel schälen, würfeln und in etwas Olivenöl andünsten. Oliven, wenn nötig, entsteinen, dazugeben. Mit Rosmarin und Thymian würzen. Etwas schwarzen Pfeffer aus der Mühle und Honig zufügen. ½ Bund Blattpetersilie in Streifen schneiden und unter die Olivenmasse geben. Leicht schmoren lassen, bis sich die Oliven mit den Zwiebeln und Kräutern verbunden haben.
Grill im Backofen auf 250 °C vorheizen, Feta für etwa 6 Minuten hineinstellen.
Backofen ausschalten, Oliven-Tapenade darauf verteilen und durchziehen lassen.

Orientalische Gemüsespieße mit Tomaten-Honig-Sauce

Zutaten

je 1 Aubergine, Zucchini, Süßkartoffel, gelbe und rote Paprika
1 kleiner Hokkaido-Kürbis
je 1 TL Curry, Kurkuma, Fenchelsaat, Cumin
30 g Ingwer
20 ml Sesamöl
1 Bund frischer Koriander
2 Feigen
1 Karotte
1 Dose geschälte Tomaten (400 g)
¼ l Gemüsefond
8 Schaschlikspieße aus Holz oder Bambus, etwa 20 cm lang
100 g Honig
Salz
1 Becher Naturjoghurt

Zubereitung

Gemüse waschen und putzen. Aubergine und Zucchini der Länge nach vierteln und die Kerne entfernen. Süßkartoffel schälen, Paprika und Kürbis vierteln und entkernen. Alle Gemüse in gleichmäßig große Stücke von etwa 4 x 4 cm schneiden.

Curry, Kurkuma, Fenchelsaat und Cumin in einer Pfanne ohne Fett anrösten und im Mörser vermischen. Öl in die entstandene Gewürzpaste mischen.

Gemüsewürfel mit der Paste marinieren und 20 Minuten ziehen lassen.

Unterdessen Gemüsereste mit 0,5 Liter Wasser aufkochen und ebenfalls 20 Minuten ziehen lassen. Absieben und zur Seite stellen.

Gemüsewürfel gleichmäßig auf die Spieße verteilen. Übrig bleibende Gemüse und Marinade können Sie für den Saucenansatz nutzen. Spieße in einer großen Pfanne von allen Seiten im Sesamöl anbraten. In eine Auflaufform oder ein tiefes Backblech legen. Karotte in 1x1 cm große Stücke würfeln und in der Gemüsepfanne anbraten. Honig und Korianderstiele dazugeben, mit Gemüsefond und den Tomaten ablöschen. Mit Salz abschmecken.

Feige vierteln, Fleisch aus der Haut schaben und in die Sauce geben. Sauce über die Gemüsespieße geben und im Ofen bei 180-200 °C etwa 20 Minuten garen.

Joghurt abschmecken und vor dem Servieren über die Spieße geben. Mit den grob geschnittenen Korianderblättern garnieren.

Tipp: Als Beilage passen Basmatireis, Couscous oder auch ein schönes frisches Fladenbrot.

Pane e pomodore à la Marcus

Zutaten

1 Baguette
¼ l Olivenöl
1 Zucchini
1 Aubergine
je 1 rote, gelbe und grüne Paprika
Salz
Honig
je ein Zweig Rosmarin und Thymian
100 g schwarze Oliven
1 kg Fleisch- oder Strauchtomaten
100 g Parmesan oder Grana Padano, frisch gerieben

Zubereitung

Ofen auf 180 °C vorheizen. Baguette schräg in 1 cm dicke Scheiben schneiden. Auf ein Backblech legen und mit Olivenöl beträufeln. 6-8 Minuten im Ofen bei 180 °C goldgelb backen, auskühlen lassen.
Gemüse waschen und putzen: Aubergine und Zucchini der Länge nach vierteln und die Kerne entfernen. Alles in 2-3 cm große Rauten schneiden. Gemüse in etwas Olivenöl anbraten, mit Salz würzen und die frischen Kräuter dazugeben. Tomaten waschen, entstrunken und je nach Größe sechsteln oder achteln. Oliven entkernen. Tomaten und Oliven zum Gemüse geben. Mit etwas Honig und Salz noch einmal abschmecken und rund 15 Minuten köcheln lassen.
In eine Auflaufform geben, die gerösteten Brotscheiben gefächert auf dem Ragout verteilen und mit frisch geriebenem oder mit einem Sparschäler geschnittenen Parmesan oder Grana Padano im Ofen für 8-10 Minuten überbacken. Das Brot saugt sich leicht mit dem Tomatenfond voll und schmeckt phantastisch.

Tipp: Auch bei diesem Rezept zählt: Sie können die Gemüsesorten variieren, nach Gusto auch Knoblauch, Zwiebeln und Chili hinzufügen.

Parmesan-Polenta mit Ratatouille und Gorgonzola

Zutaten für 6-8 Personen

150 g Maisgrieß
50 g Parmesan oder Grana Padano
200 g Gorgonzola
500 ml Gemüsebrühe
500 ml Milch
30 g frische Salbeiblätter
je 2 Zweige Rosmarin und Thymian
Salz, Muskat
je 1 Aubergine, Zucchini, Paprika und rote Zwiebel
1 Dose geschälte Tomate (400 ml)
50 g Honig

Zubereitung

½ Zwiebel in feine Würfel schneiden, in etwas Olivenöl andünsten. Brühe und Milch dazugeben, aufkochen lassen. Maisgrieß einrühren und 15-20 Minuten köcheln lassen. Mit einem Holzlöffel rühren, bis sich eine weiße Schicht im Topf bildet. Den Salbei in Streifen schneiden und mit dem frisch geriebenen Parmesan unter die Polenta rühren. Die noch zähflüssige Polenta in eine Auflaufform geben, Gorgonzola darüber verteilen und bei 200 °C im Ofen etwa 10 Minuten goldgelb backen.

Gemüse waschen und putzen, in 2 cm große Stücke schneiden. Alles mit den Zwiebeln anbraten. Rosmarin und Thymian abzupfen und dazugeben. Mit Salz und Honig abschmecken. Tomaten zufügen und etwa 15 Minuten köcheln lassen. Beim Anrichten noch etwas Olivenöl über die Polenta träufeln.

Pfannenkartoffeln mit Gemüse

Zutaten

1500 g festkochende Kartoffeln
500 g Möhren
500 g Kohlrabi
500 g Zucchini
1 Liter Gemüsefond
1 Bund Liebstöckel
je ein Zweig Rosmarin und Thymian
Salz und Muskat
100 ml Olivenöl
50 g Pinienkerne
50 g Kürbiskerne
50 g Cashewkerne

Zubereitung

Gemüse waschen und putzen und in 1,5 x 5 cm große Stifte schneiden. Kartoffeln schälen, ebenfalls in Stifte schneiden. Pinienkerne in einer Pfanne ohne Fett anrösten, leicht salzen und auf einem Küchentuch abkühlen lassen. 50 ml Olivenöl in einer großen Pfanne erwärmen und das Gemüse darin anbraten. Mit Salz und Muskat würzen.

Gezupften Rosmarin und Thymian fein schneiden und zum Gemüse geben. Die Liebstöckelstiele fein schneiden und zufügen, die grob geschnittenen Blätter zurückbehalten. Gemüse aus der Pfanne nehmen und beiseite stellen. Nun die Kartoffelstifte im restlichen Olivenöl andünsten. Nach und nach mit dem Gemüsefond ablöschen, bis die Stifte gegart sind. Die Kartoffeln sollten leicht glaciert und nicht trocken sein. Zum Schluss das Gemüse vorsichtig unter die Kartoffeln heben.

Auf Tellern verteilen, mit den gerösteten Kernen und den Liebstöckelblättern garnieren.

Tipp: Auch hier können Sie die Gemüsesorten der Saison entsprechend beliebig variieren. In Herbst und Winter empfehlen sich etwa Kürbis, Steckrübe oder rote Bete, letztere sollten Sie extra zubereiten. Dazu passen ein knackiger Salat, gebratene Tofuwürfel oder auch mal ein gebratenes Stück Fleisch. Ebenso passt eine grobe Bratwurst oder eine Chorizo dazu, separat gebraten und dann unter die Pfannenkartoffeln gemischt. Durch einfallsreiche Varianten zaubern Sie ein Gericht mit immer neuen Gesichtern.

Rhabarber-Zucchini-Gemüse mit Feta

Zutaten

1 kg frischer Rhabarber
500 g Zucchini
1 Dose geschälte Tomaten (400 g) oder 4 schöne Fleischtomaten
je ein Zweig Rosmarin und Thymian
50 g Honig
Salz
30 g frischer Ingwer
400 g Feta-Käse
Olivenöl
1 Bio-Limette

Zubereitung

Rhabarber waschen und putzen, mit einem Messer der Länge nach die Fäden abziehen und in 2-3 cm Stücke schneiden. Zucchini waschen und putzen, der Länge nach vierteln und in ebenso große Teile schneiden. Die Zucchini in einer Pfanne mit etwas Olivenöl anbraten. Mit Salz und Kräutern würzen, herausnehmen.
In der heißen Pfanne Honig mit geriebenem Ingwer leicht karamellisieren.
Rhabarber dazugeben und etwas anbraten. Tomaten entstrunken, achteln und dazugeben. 5 Minuten einkochen lassen. Zucchini zufügen und weitere 5 Minuten kochen lassen. Mit frischen Kräutern, Salz, Limettensaft und Zesten würzen. In eine Auflaufform geben, den Feta darüber bröseln. Mit etwas Olivenöl beträufeln und bei 220 °C im Ofen 15 Minuten backen.

Tipp: Dazu passt schönes frisches Baguette, Ciabatta oder Fladenbrot.

Schmorgurke mit Soja-Geschnetzeltem und Bulgur

Zutaten

2 mittlere Schmor- oder Salatgurken
je 100 g Möhren und Staudensellerie
sowie Süßkartoffel und rote Zwiebel
150 g getrocknete Sojastreifen
750 ml Gemüsebrühe
2 Fleischtomaten
1 EL indischer Curry
150 g Bulgur
50 ml Sweet Chili-Sauce
100 ml Soja-Sauce
100 g Halloumi-Käse
50 g frischer Ingwer
1 Stange Zitronengras
1 Bund Koriander
1 TL Fenchelsaat
Salz und Honig
1 Granatapfel

Zubereitung

Gurken waschen, der Länge nach halbieren, dann vierteln, mit einem Löffel entkernen. Mit Salz und etwas Soja-Sauce marinieren. Bei 260 °C unterm Grill im Ofen 8-10 Minuten vorgaren und leicht Farbe annehmen lassen. Gewürfeltes Gemüse und Zwiebeln in etwas Öl andünsten. Fenchelsaat dazugeben. Ingwer zufügen, Korianderstiele fein schneiden und mitgaren. Mit Soja-Sauce und etwas Honig abschmecken, aus dem Topf nehmen.
Sojastreifen in den Topf geben, kurz anschwenken. Mit Curry bestäuben und mit 250 ml Gemüsebrühe ablöschen, die gewürfelten Fleischtomaten dazugeben. Rund 20 Minuten garen lassen. Das Gemüse zufügen und etwas einkochen lassen. Auf einem Backblech je 2 Gurkenstücke nebeneinander legen. Die Masse darauf verteilen. Den Halloumi-Käse in Streifen schneiden und auf den Gurken verteilen. 15 Minuten im Ofen bei 220 °C überbacken. Bulgur in etwas Öl schwenken. Zitronengras aufschlagen und durch den Topf ziehen. Nach und nach mit 500 ml Brühe ablöschen und garen lassen. Mit Soja-Sauce, Sweet Chili und Korianderblättern abschmecken.
Granatapfel halbieren, in die Hand nehmen und mit einem Löffel auf die Schale klopfen, bis die Kerne herausfallen. Diese als Dekoration über den Bulgur geben.

Selleriebraten mit Apfel-Kartoffel-Püree und Rotkohl

Zutaten

1 kg Knollensellerie
2 EL Senf
Salz und Pfeffer
Rosmarin und Thymian
Olivenöl
50 g Butter
¼ l Gemüsebrühe
1 kg mehlig kochende Kartoffeln
¼ l Milch
50 g Butter
Salz und Muskatnuss
4 Äpfel, Braeburn oder andere süß-kräftige Sorte
½ Bund Blattpetersilie
1 Zwiebel
1 kleiner Kopf Rotkohl
30 g Salz
30 g Zucker
50 g Honig
¼ l Apfelsaft
¼ l Orangensaft
1 Lorbeerblatt
5 Wacholderbeeren
3 Nelken
1 Zimtstange
1 Kaffeefilter oder Teeei
Koch-Garn

Zubereitung

Sellerie waschen, schälen und halbieren. Mit Senf, Salz und Pfeffer einreiben. Gezupften Rosmarin und Thymian darüber streuen. In eine geölte Auflaufform legen und bei 170 °C Heißluft im Backofen rund 40 Minuten garen lassen, bis der Braten eine schöne goldbraune Farbe bekommt. Aus dem Ofen nehmen, den entstandenen Fond mit etwas Gemüsebrühe ablöschen. Reduzieren und zum Schluss 50 g kalte Butter dazugeben und die Sauce cremig werden lassen.

Rotkohl putzen, vierteln, entstrunken und in feine Streifen schneiden. Zwiebel würfeln und mit etwas Öl in einem Topf anschwitzen. Salz, Zucker und Honig dazugeben und leicht glasieren. Rotkohl dazugeben und verrühren. Mit Apfelsaft und Orangensaft ablöschen. Restliche Gewürze in das Teeei oder den Kaffeefilter geben, zubinden und in den Topf hängen. Zugedeckt 30 Minuten köcheln lassen, gelegentlich umrühren.

Kartoffeln schälen, vierteln und in Salzwasser garen. Abschütten, abdampfen lassen und stampfen. Mit Salz, geriebenem Muskat, Butter und Milch verrühren. Äpfel schälen, entkernen und in 2 cm große Stücke schneiden. Zwiebel in einer Pfanne glasieren, Äpfel dazugeben und garen lassen. Petersilie zufügen und die Apfelmasse vorsichtig unter das Püree heben.

Selleriebraten in 1,5 cm dicke Scheiben aufschneiden. Püree, Rotkohl und Bratenscheiben auf den Teller geben, mit etwas Sauce garnieren.

Spaghetti vegi-style

Zutaten

500 g Spaghetti
60 g Parmesan oder Grana Padano
600 g Gemüse: je 100 g Möhre, Sellerie oder Staudensellerie, Zucchini, Kürbis, Fenchel, Paprika
Olivenöl
150 g Oliven schwarz
1 Dose geschälte Tomaten (400 ml)
½ Bund Basilikum
je 3 Zweige Rosmarin und Thymian
1 EL Fenchelsamen
1 EL Tomatenmark
Salz, Pfeffer, Zucker oder Honig

Zubereitung

Gewaschenes und geschältes Gemüse gleichmäßig in 1-2 cm große Stücke schneiden. In einem Topf in Olivenöl andünsten. Fenchelsaat, dann Tomatenmark dazugeben, kurz anrösten. Rosmarin und Thymian abrebeln und hinzufügen. Oliven entkernen und beigeben. Mit den geschälten Tomaten ablöschen, abschmecken und 15-20 Minuten köcheln lassen. Basilikum abzupfen und unterrühren. Ein paar Blätter als Deko zurücklegen.

Spaghetti nach Packungsangaben kochen, abschütten, aber nicht abschrecken. Auf vier Teller verteilen. Sauce darüber verteilen. Den Parmesan oder Grana Padano mit dem Sparschäler in dünne Scheibchen schneiden und die Spaghetti zusammen mit den Basilikumblättern dekorieren.

Spanische Tortilla

Zutaten

500 g festkochende Kartoffeln
500 g Spinat
2 rote Zwiebeln
150 g Möhre
8 Eier
250 ml Sahne
Salz, Muskat
Rosmarin, Thymian
Olivenöl

Zubereitung

Kartoffeln schälen und in 2 cm große Würfel schneiden und wässern. Möhren und Zwiebeln ebenfalls schälen und in 1 cm Würfel schneiden. Spinat zupfen und waschen. Eier aufschlagen, mit der Sahne vermengen, mit Salz und Muskat würzen. Kräuter abzupfen und klein schneiden. Kartoffeln in einer großen Pfanne in etwas Olivenöl goldgelb anbraten. Möhre und Zwiebel dazugeben und ebenfalls anbraten. Kräuter zufügen und kurz anrösten. Spinat unterheben. Alles entweder in der Pfanne mit der Eimischung übergießen oder in eine Auflaufform geben. Bei 170 °C im Backofen rund 25 Minuten garen, bis das Ei gestockt ist.

Tipp: Als Beilage empfehle ich einen schönen Salat aus Tomaten, Rucola oder Römersalat mit einem leichten Dressing aus je 20 ml Balsamessig und Olivenöl, 50 ml Rapsöl, 50 ml Brühe, ½ Bund Basilikum und einem 1 TL körnigen Senf. Abgeschmeckt wird mit Salz und Zucker oder Honig. Zunächst Senf, Essig, Brühe und Gewürze mischen, Öl langsam einrühren oder aufmixen. Basilikum fein schneiden und unterrühren.

Spinat-Pfannkuchen mit Käsefüllung

Zutaten

500 g Blattspinat frisch oder gefroren
20 ml Olivenöl
400 ml Milch
4 große Eier
400 g Mehl
2 TL Backpulver
Salz und Muskatnuss
200 g Käse

Zubereitung

Frischen Blattspinat waschen und putzen oder TK-Spinat auftauen lassen. Mit etwas Öl in einer Pfanne andünsten, mit Salz und Musaktnuss würzen. Spinat, Milch und Eier in ein hohes Gefäß geben und mit dem Mixstab fein pürieren.

Mehl und Backpulver mischen, durchsieben und unter die Masse rühren. Aus dem Teig 4 Pfannkuchen backen.

2 Pfannkuchen auf ein Backblech legen, geriebenen Käse darauf verteilen und jeweils einen zweiten Pfannkuchen darauf legen. Bei 160 °C im Backofen 8-10 Minuten durchbacken.

Tipp: Über die Wahl der Käsesorte entscheidet Ihr Geschmack: Empfehlenswert sind Gouda, Mozzarella, Feta, Bergkäse oder Cheddar. Zu den Pfannkuchen können Sie Tomatensauce, Gorgonzola-Sauce oder auch einen leckeren, knackigen Salat servieren.

Spinat-Ricotta-Lasagnette

Zutaten

500 g Lasagne-Platten
oder selbst gemachter Nudelteig
600 g frischer Spinat
½ rote Zwiebel in Scheiben
Olivenöl
250 g Ricotta
500 ml Milch
Salz und Pfeffer
geriebene Muskatnuss
brauner Zucker
2 Fleisch- oder Roma-Tomaten
1 Dose geschälte Tomaten
½ Bund Basilikum
½ rote Zwiebel
1 EL Honig
1 Knoblauchzehe
125 g Mozzarella Kugel
100 g Parmesan oder Grana Padano
frischer Thymian

Zubereitung

Spinat putzen und waschen. Eine halbe gewürfelte Zwiebel in etwas Olivenöl andünsten. Knoblauch fein hacken und dazugeben. Spinat zufügen, durchschwenken, würzen und zur Seite stellen.

Tomate vierteln. Kerne entfernen und zurücklegen. Gewürfelte Tomaten zum Spinat geben. Ricotta und Milch unter den Spinat heben und vermengen, abschmecken.

Auflaufform mit Öl auspinseln, etwas Milch auf den Boden geben, mit Lasagne-Platten auslegen. Ein Viertel der Spinatmischung darauf verteilen, danach die Hälfte des grob geriebenen Mozzarellas. Dann wieder eine Lage Lasagne-Platten mit Spinatmischung aufschichten, diesmal geriebenen Parmesan oder Grana Padano zufügen. Beide Schritte wiederholen. Zum Abschluss etwas Olivenöl darüber träufeln. Bei 180 °C für 35 bis 40 Minuten in den Ofen schieben.

Für die Sauce die andere Zwiebelhälfte gewürfelt in etwas Olivenöl andünsten, abgezupften Thymian dazugeben, die Tomatenkerne und Dosentomaten zufügen. Mit Salz, Pfeffer und braunem Zucker abschmecken und etwa 15 Minuten einkochen, Basilikum abzupfen und in die Sauce geben.

Tofu-Eiersalat

Zutaten

200 g Tofu
1 TL Sesam
6 gekochte Eier
100 g Mayonnaise
50 g Senf
50 ml Sweet Chili-Sauce
50 ml Soja-Sauce
½ Bund glatte Petersilie
oder frischer Koriander
100 g Mungobohnen-Sprossen
Salz, Pfeffer, frischer Ingwer

Zubereitung

Die gekochten Eier sechsteln. Sesam ohne Öl anrösten. Tofu in Streifen schneiden, anbraten, etwas geriebenen Ingwer dazugeben. Mit Soja-Sauce und Sweet Chili ablöschen. Zusammen mit den Mungobohnen-Sprossen in eine Schüssel geben. Senf und Mayonnaise verrühren, vorsichtig unter den Tofu heben. Eier zufügen. Blattpetersilie oder Koriander in Streifen schneiden, dazugeben. Alles mit Salz und Pfeffer abschmecken.

Tipp: Als Dekoration eignen sich Granatapfelkerne, gerösteter Sesam, Gurken- und Tomatenwürfel.

Tofu im Blätterteigmantel mit tomatisiertem Spinat

Zutaten

2 Platten TK-Blätterteig
600 g Tofu
50 g Honig
50 ml Soja-Sauce
30 ml Sweet Chili-Sauce
½ Bund Koriander
1 Stängel Zitronengras
Olivenöl
1 rote Zwiebel
600 g Spinat
1 Staudensellerie
1 Zucchini
2 Fleischtomaten
1 Ei

Zubereitung

Tofu in Scheiben á 75 g schneiden, mit Honig, Sweet Chili und Soja-Sauce marinieren. Korianderstiele klein schneiden, Zitronengras andrücken und dazugeben. Rund zwei Stunden marinieren.

In etwas Öl goldgelb anbraten, mit der Marinade ablöschen und zur Seite stellen. Blätterteig in 8 Stücke teilen, ausrollen und mit einer Gabel mehrmals einstechen. Tofu auf den Blätterteig geben, die Seiten des Teigs andrücken, damit der Tofu eingebettet ist. Den Tofu mit dem Rest der Marinade bestreichen. Das Ei verquirlen und den Teig damit bepinseln. Bei 180 °C im Ofen 25 bis 30 Minuten goldgelb backen.

Spinat waschen und putzen. Beim Staudensellerie mit einem Sparschäler die Fäden abziehen. Zucchini der Länge nach vierteln und Kerne entfernen. Zwiebel schälen und achteln. Alles bis auf den Spinat in einer Pfanne anbraten. Kräuter dazugeben, salzen. Tomaten entstrunken, achteln und zum Gemüse geben, leicht einkochen lassen. Spinat unterheben. Koriander grob schneiden und unter den Spinat mischen.

Tofu im Sesammantel mit Currygemüse und Basmatireis

Zutaten

400 g Tofu
50 ml Soja-Sauce
50 ml Sweet Chili-Sauce
20 g frischer Ingwer
1 Stängel Zitronengras
50 g Sesam
1 Aubergine
1 Zucchini
1 Süßkartoffel
je 1 rote, gelbe und grüne Paprika
200 g Zuckerschoten
1 Bund Koriander
500 ml Kokosmilch
je 1 TL Curry und Kurkuma
1 TL frischer Ingwer
1 TL Fenchelsamen
1 TL Cumin
50 ml Olivenöl
Stärke

Zubereitung

Tofu am besten über Nacht marinieren mit Soja-Sauce, Sweet Chili, frisch geriebenem Ingwer und dem Zitronengrasstängel.

Das Gemüse waschen, putzen und in 3-4 cm große Stücke schneiden. Die Zuckerschoten waschen, putzen und diagonal halbieren, abtropfen lassen. Das Gemüse in etwas Olivenöl anbraten. Gewürze dazugeben, kurz anrösten und geriebenen Ingwer zufügen. Mit Kokosmilch ablöschen und 10 Minuten köcheln lassen. Korianderstiele fein, Blätter grob schneiden. Stiele in das Curry geben. Blätter als Deko aufheben, vor dem Anrichten unter das Curry mischen.

Zuckerschoten dazugeben, und die Sauce eventuell mit etwas Stärke binden. Tofu aus der Marinade nehmen, abtropfen lassen. In etwas Öl rundherum anbraten. Aus der Pfanne nehmen, im Sesam wenden und diagonal halbieren. Reis wie gewohnt garen, mit dem Currygemüse und dem Sesam-Tofu auf einem Teller anrichten.

Vegetarisches Chili

Zutaten

300 g Soja-Hack (Trockenprodukt)
1 Zwiebel
1 EL Tomatenmark
1 Dose geschälte Tomaten
1 Dose Mais (285 g)
1 Dose Kidney-Bohnen (285 g)
Salz, Pfeffer, Zucker
½ Bund Thymian
½ Bund Liebstöckel
1 EL Tabasco
Honig
Maisstärke

Zubereitung

Das Soja-Hack in etwas Öl anbraten. Zwiebelwürfel und Tomatenmark kurz mit anschwitzen. Geschälte Tomaten, Mais und Bohnen dazugeben und 5 Minuten durchkochen. Mit Salz, Pfeffer und Zucker abschmecken. Tabasco zufügen und 20 Minuten köcheln. Sollte das Chili zu dickflüssig sein, etwas Brühe hinzufügen.
Kräuter fein hacken und dazugeben.

Tipp: Das Chili können Sie nach Belieben mit etwas Maisstärke abbinden. Als Beilagen empfehlen sich Basmatireis, Langkornreis, gerührte Polenta oder einfach ein schönes frisches Baguette.

Vollkornbratling mit Rahmbohnen

Zutaten

1 kg mehlig kochende Kartoffeln
150 g Getreidemix (Reformhaus)
150 g Frischkäse
2 Fleischtomaten
Salz und Pfeffer
Muskat
1 rote Zwiebel
Rosmarin und Thymian frisch
1 Knoblauchzehe nach Belieben
100 g Semmelbrösel
1 kg Schneidebohnen
50 ml Sahne
50 ml Brühe
10 g Maisstärke
Bohnenkraut oder Liebstöckel

Vorbereitungen

Kartoffeln waschen, schälen, halbieren und in einen Topf mit Salzwasser geben. Tomaten einschneiden, in kochendem Wasser 10 Sekunden blanchieren, in kaltem Wasser abkühlen. Haut abziehen, vierteln und entkernen. In 1 x 1 cm große Würfel schneiden. Zwiebeln schälen und fein würfeln. Getreide in reichlich Salzwasser garen. Bohnen putzen und in 2 cm große Stücke schneiden. Kräuter abzupfen und fein hacken. Alle anderen Zutaten bereitstellen.

Zubereitung

Kartoffeln kochen, abschütten und auf dem Herd abdampfen lassen. Durch eine Kartoffelpresse pressen. Eine Zwiebelhälfte mit etwas Olivenöl andünsten, eventuell Knoblauch in Scheiben dazugeben. Kräuter und gekochtes Getreide zufügen, mit Salz, Pfeffer und Muskat würzen. Frischkäse unterrühren. Zwei Drittel der Tomatenwürfel mit den Kartoffeln mischen. In 8 gleich große Stücke teilen und zu Frikadellen formen. Olivenöl in einer Pfanne erhitzen. Frikadellen von allen Seiten in Semmelbröseln wenden, goldbraun anbraten, dann im Ofen 15 Minuten auf 170 °C Heißluft garen.

Bohnen in reichlich Salzwasser blanchieren. Zwiebeln andünsten, mit Brühe oder Bohnenwasser und Sahne ablöschen. Aufkochen, mit etwas angerührter Stärke abbinden. Bohnen in die Sauce geben und fertig garen lassen. Die restlichen Tomatenwürfel untermischen, Bohnenkraut oder Liebstöckel dazugeben.

Bohnen auf Tellern mit den Bratlingen anrichten.

SÜSSE VERSUCHUNGEN: KUCHEN, DESSERTS UND NASCHWERK

Wenn schon – denn schon: Wer kennt nicht den Schmacht auf Süßes und erliegt gerne so mancher Versuchung? Aber auch die sollte vorzugsweise aus der eigenen Küche stammen. Pulver und Backmischungen versprechen zwar vieles, doch die lange Liste von Zusatzstoffen und Verdickungsmitteln stimmt mich nachdenklich.

Meine Desserts dagegen kommen ohne sie aus. Frisch und liebevoll zubereitet, bieten sie etwa den krönenden Abschluss eines leckeren Essens. Genauso können sie – als alleinstehende Mahlzeit oder als Naschwerk – auch mal einen süßen Höhepunkt im Alltag liefern. Sie werden sicherlich Ihre Favoriten finden. Auch hier lassen sich die Rezepte der Saison anpassen: So schmecken Beerenfrüchte am besten gleich nach der Ernte. Heimische Äpfel, Birnen, Quitten und Zwetschgen kann man auch sehr gut lagern oder verarbeiten.

Apfel-Crumble

Zutaten

2 kg säuerliche Äpfel
400 g Mehl
200 g Butter
200 g Zucker
100 g Rosinen oder andere Trockenfrüchte wie Datteln oder Aprikosen
1 TL Zimt

Zubereitung

Äpfel waschen, schälen, vierteln, entkernen und in 2-3 cm große Stücke schneiden. Rosinen mit den Äpfeln mischen. Auflaufform buttern und die Apfelmischung dazugeben.

Aus weicher Butter, Mehl, Zucker und Zimt einen lockeren Streuselteig herstellen.

Streusel locker über die Apfelmischung geben. Bei 180 °C im Ofen 30-40 Minuten goldgelb backen.

Carrot Cake

Zutaten für eine Springform

300 g Mehl
½ Pk. Backpulver
1,5 TL Salz
2 TL Zimt
300 g Möhren
150 g Ananas
3 Eier
300 g Zucker
300 ml Pflanzenöl
100 g gehackte Walnüsse

Zutaten für die Glasur

250 g Frischkäse
50 g Zucker
1 Pk. Vanillinzucker
60 ml Milch

Zubereitung

Möhren schälen und fein raspeln. Ananas in kleine Stücke schneiden. Zucker und Öl mit der Küchenmaschine verrühren, bis der Zucker aufgelöst ist. Eier dazugeben. Mehl und Backpulver darüber sieben und unterheben. Möhre, Ananas und Nüsse unterheben. Springform einfetten, Teig einfüllen. 45-50 Minuten bei 150 °C Umluft backen. Aus dem Ofen nehmen und mit einer Alufolie abdecken, erkalten lassen.
Für die Glasur den Frischkäse mit Zucker, Vanillinzucker und Milch aufschlagen. Kuchen aus der Form nehmen, Glasur auf dem Kuchen verteilen und kalt stellen.

Choco-Coco-Bars

Zutaten

125 g Butter
30 g Kakaopulver ungesüßt
50 g Zucker
1 Ei
150 g Butterkekse
100 g Kokosflocken
250 g weiche Butter
250 g Zucker
50 ml flüssige Sahne
Vanillemark von halben Schote
oder Vanillearoma
400 g Zartbitterkuvertüre
60 g Butter
60 ml Sahne
30 g Puderzucker

Zubereitung

Eine viereckige Auflaufform oder Verstell-Rahmen 30x30 cm mit Folie auslegen. Butter mit Zucker im Wasserbad schmelzen lassen. Kakao unterrühren, Ei verquirlen und dazugeben. Langsam erhitzen, bis die Masse cremig wird. Nicht zu heiß werden lassen, da sonst das Ei gerinnt. Zerbröselte Kekse und geröstete Kokosflocken unterheben. Masse in der Form verteilen und glatt drücken. Butter und Zucker mit der Küchenmaschine oder einem Quirl schaumig aufschlagen, bis die Creme weiß wird. Vanille und Sahne vorsichtig unterrühren. Creme auf dem Keksboden gleichmäßig verteilen. Kalt stellen.
Kuvertüre im Wasserbad langsam schmelzen lassen. Butter, Sahne und Zucker dazugeben und vorsichtig unterrühren. Auf etwa 35 °C abkühlen lassen und vorsichtig über die Creme geben. Gleichmäßig verteilen, 1-2 Stunden kalt stellen.

Achtung: Genuss ist auch hier eine Frage der Dosis! Denn in allzu großen Mengen genossen, kann dieser Kuchen abhängig machen und dann zu körperlichen „Auswuchtungen“ führen.

Creme Caramel

Zutaten

150 g Zucker
4 EL Wasser
1 Prise Vanillemark
300 ml Sahne
300 ml Milch
6 Eier
4 Eigelbe
100 g Zucker

Zubereitung

Zucker und Wasser in einem kleinen Topf aufkochen und köcheln lassen, bis der Zucker goldgelb ist. 4 Förmchen oder Schalen damit ausgießen. Vanillemark mit Milch und Sahne aufkochen, zur Seite stellen.

In einer Schüssel die Eier und Eigelb mit dem Zucker verquirlen. Die Vanillesahne vorsichtig unterrühren. Creme durch ein Sieb gießen und in die Förmchen verteilen. Im Backofen bei 175 °C im heißen Wasserbad 22 Minuten garen. Am besten über Nacht abkühlen lassen.

Mit einem Messer aus der Form lösen und auf Teller oder eine Platte stürzen.

Gekühlt genießen mit frischen Beeren oder aufgeschnittenem Obst.

Dominosteine

Zutaten für 40 Stück

Teig
130 g Honig
30 g Zucker
40 g Butter
100 g dunkle Kuvertüre
150 g Mehl
1 TL Lebkuchengewürz
½ TL Backpulver
1 Prise Salz
1 Ei

Gelee
6 Blatt Gelatine
600 g passierte Marmelade, je nach Geschmack
4 EL Zitronensaft

Marzipan
300 g Mandelkerne
300 g Puderzucker
4 EL Wasser

Überzug
500 g Zartbitter-Kuvertüre

Zubereitung
Honig, Zucker und Butter zusammen aufkochen, zur Seite stellen. Kuvertüre hacken, in die warme Honigmasse rühren.
Mehl, Backpulver, Salz und Lebkuchengewürz in eine Schüssel sieben.
Honigmasse und Ei kräftig unterrühren. Den Teig in eine Backform 20 x 30 cm geben, eventuell einen flexiblen Rahmen benutzen. Bei 160 °C Umluft 12-15 Minuten backen. Abkühlen lassen.
Gelatine in kaltem Wasser 10 Minuten einweichen. Marmelade aufkochen, ausgepresste Gelatine einrühren. Gelee auf den Kuchen gießen und mindestens 4 Stunden kalt stellen.
Mandeln in kochendem Wasser blanchieren, abgießen, schälen und im Mixer fein hacken. Puderzucker und Flüssigkeit dazugeben und gut vermischen. Masse zwischen 2 Lagen Klarsichtfolie 20x30cm ausrollen. Auf das Gelee geben, Folie abziehen und Kuchen aus der Form nehmen. Kalt stellen. 400 g Kuvertüre im Wasserbad langsam auflösen bei etwa 40 °C. Restliche Kuvertüre dazugeben und damit die Masse runter kühlen. Kuchenmasse in 40 Quadrate schneiden. Würfel in die flüssige Kuvertüre tauchen und auf einem Gitter abtropfen lassen.

Erdbeer-Baiser-Schnitte

Zutaten für 2 Springformen

125 g weiche Butter
100 g Zucker
4 Eigelbe
Saft einer Limette
1 Prise Salz
100 g Mehl
1,5 TL Backpulver
2 EL Milch
4 Eiweiß
200 g Zucker
100 g frische Erdbeeren
oder Erdbeermarmelade

Zubereitung

Weiche Butter mit 100 g Zucker schaumig rühren, bis der Zucker aufgelöst ist. Eigelb, Mehl, Backpulver, Salz, Milch und Limettensaft dazugeben und 3-4 Minuten aufschlagen. Masse auf die beiden Böden verteilen und glatt streichen.

Eiweiß von vier Eiern eine Minute zunächst schlagen, dann 200 g Zucker dazugeben und aufschlagen, bis die Masse Fäden zieht. Erdbeeren, waschen putzen und vierteln, mit etwas Zucker bestreuen und mit einer Gabel zerdrücken.

Erdbeeren oder ersatzweise die Marmelade vorsichtig unter die Eischneemasse ziehen, alles auf den Teig geben und verstreichen. Bei etwa 180 °C für 15-18 Minuten goldbraun backen. Aus dem Ofen nehmen und erkalten lassen. Beide Böden aufeinander setzen. Vor dem Servieren mit Puderzucker bestreuen.

Variante für den Sommer

200 g Mascarpone
50 g Zucker
Saft einer Limette
½ Bund Minze
250 g frisches Obst

Mascarpone mit Zucker und Limettensaft aufschlagen. Gezupfte Minzblätter und Erdbeeren unterheben. Masse auf einem der Böden verteilen. Den zweiten Boden darauf setzen und leicht festdrücken.

Tipp: Anstelle der Erdbeeren eignet sich für dieses Rezept auch anderes Obst oder auch Marmelade.

Grießflammerie

Zutaten

500 ml Milch
50 g Zucker
40 g Hartweizengrieß
1 Eigelb
1 Eiweiß
Abrieb und Saft von einer Orange
frische Vanilleschote oder
Vanillearoma

Zubereitung

Eigelb und Eiweiß trennen, Eiweiß steif schlagen. Eigelb mit 3 Esslöffeln kalter Milch verrühren. Restliche Milch mit dem Zucker aufkochen, Orangenabrieb und den Saft der Orange dazugeben. Vanille hinzufügen und den Grieß unterrühren. 3-4 Minuten köcheln lassen, vom Herd nehmen. Eigelb unterrühren. Geschlagenes Eiweiß unterheben. In Schalen oder Gläser abfüllen und genießen.

Hausgemachter Käsekuchen

Zutaten für eine Springform

1,5 kg Quark
300 g Zucker
8 Eier
80 g Stärke
1 Pk. Backpulver
Abrieb und Saft einer Zitrone

Zutaten für den Teig

100 g Mehl
50 g Zucker
1 Pk. Vanillinzucker
60 g weiche Butter
1 Ei

Zubereitung

Teig zuerst zubereiten, hierfür Butter und Zucker schaumig rühren, Ei zufügen und verrühren. Mehl und Backpulver sieben und unter die Masse heben. Form fetten, Teig ausrollen und in die Form einpassen. Der Teig sollte bis zum Rand reichen. Teig mehrmals einstechen und bei 180 °C im Ofen 15 Minuten lang blind backen. Dazu den Teig mit Backpapier abdecken und getrocknete Hülsenfrüchte darauf geben. Dies verhindert das Aufgehen des Teigs. Backpapier und Hülsenfrüchte nach 15 Minuten entfernen.

Quark, Zucker, Eier, Saft und Abrieb miteinander vermischen. Stärke und Backpulver sieben und unterheben. Auf den vorgebackenen Boden geben. Bei 150 °C im Ofen 50-60 Minuten goldgelb backen.

Herbstlicher Marmor-Apfelkuchen

Zutaten

300 g weiche Butter
400 g Zucker
6 Eier
1 Prise Salz
½ Pk. Backpulver
450 g Mehl
200 ml Milch
30 g Kakao
300 g Kuchenglasur
4 säuerliche Äpfel (etwa Boskop)

Zubereitung

Äpfel vierteln und entkernen, mit Schale in etwa 2 cm große Stücke schneiden. 100 g Zucker karamellisieren, die Äpfel dazugeben und köcheln lassen bis die Flüssigkeit verdampft ist. Butter, 300 g Zucker und Salz in der Küchenmaschine 5 Minuten aufschlagen. Eier einzeln dazugeben und weiterrühren. Mehl mit dem Backpulver mischen und langsam in den Teig einrühren. 150 ml Milch im Wechsel mit dem Mehl dazugeben. Ein Drittel des Teiges abnehmen, gesiebtes Kakaopulver und die restliche Milch zufügen. Einzelne Portionen von hellem und dunklem Teig abwechselnd in eine Spring- oder Kastenform geben. Äpfel darauf verteilen, mit einem Löffel leicht in den Teig rühren. Bei 160 °C Umluft im vorgeheizten Backofen 60-70 Minuten backen. 10-15 Minuten abkühlen lassen. Glasur schmelzen und über den Kuchen geben.

Tipp: Anstelle der Glasur können Sie den Marmorkuchen auch mit Puderzucker bestäuben.

Käsekuchen mit Streuseln

Zutaten

1 kg Magerquark
200 g Zucker
6 Eier
60 g Stärke
½ Pk. Backpulver
1 Bio-Zitrone, Saft und Abrieb
100 g brauner Zucker

Streusel

80 g Mehl
40 g Zucker
1 Pk. Vanillinzucker
50 g weiche Butter
50 g geraspelte Kuvertüre

Zubereitung

Für die Streusel: Mehl, Zucker und Vanillinzucker in eine Schüssel sieben. Weiche Butter in Flocken darauf verteilen und mit der Hand vorsichtig zu einem krümeligen Teig verkneten. Zum Schluss die geraspelte Kuvertüre untermischen.

Für die Quarkmasse: Eier mit Zucker, Zitronenabrieb und Saft sowie dem Quark mischen. Backpulver und Stärke auf die Quarkmasse sieben und unterheben. Bei 150 °C im vorgeheizten Ofen etwa 60 Minuten goldgelb backen. Nach 35 Minuten Backzeit die Streusel darauf geben.

Kaiserschmarrn

Zutaten

6 Eier
350 ml Milch
170 g Mehl
80 g Zucker
30 g Butter
1 TL Vanillinzucker
Abrieb einer Bio-Zitrone
50 g Butter
50 g Mandelsplitter
Puderzucker

Zubereitung

Die Eier trennen, Eigelb mit Milch, Vanillinzucker und Zitrone vermischen, Mehl unterheben.
Eiweiß mit dem Zucker steif schlagen. Eiweiß unter die Milch-Mehlmischung heben. Butter in einer ofenfesten Pfanne schmelzen lassen, den Teig dazugeben.
Pfanne in den auf 200 °C vorgeheizten Ofen geben. Nach 6 Minuten wenden und weitere 6 Minuten backen.
Sobald der Kaiserschmarrn gegart ist, aus dem Ofen nehmen und mit zwei Gabeln in Stücke zerteilen. Butter, Nüsse und Puderzucker dazugeben und leicht karamellisieren lassen.

Tipp: Dazu passt leckeres Kompott von Pflaumen, Beeren oder Pfirsichen.

Limetten-Pflaumen-Kuchen

Zutaten

5 frische, reife Pflaumen
80 g Zucker
½ Stange Vanilleschote
1 Limette
250 g weiche Butter
4 große Eier
250 g Zucker
250 g Mehl
50 g Krokant
1 Prise Backpulver
Puderzucker oder Kuvertüre

Zubereitung

Pflaumen waschen, halbieren, entsteinen und in 2 cm große Stücke schneiden. Zucker in einer Pfanne karamellisieren, Pflaumen zufügen. Limette waschen, mit einer Reibe die Schale dünn abreiben, Abrieb über die Pflaumen streuen. Limette halbieren, Saft auspressen, dazugeben. Vanilleschote halbieren, Mark auskratzen und zum Ragout geben. Vom Herd nehmen und erkalten lassen.
Butter, Zucker, Eier und Mehl in einer Rührschüssel mit Backpulver und Krokant 3 Minuten aufschlagen. Pflaumenragout vorsichtig unterheben. Die Masse sollte marmoriert sein.
Springform einfetten, Teig einfüllen und glatt streichen. Bei 175 °C Umluft 45 Minuten backen. Nach dem Erkalten mit Kuvertüre glasieren oder mit Puderzucker bestreuen.

Mandel-Baklava

Zutaten für 60 Teile

3 Platten TK-Blätterteig
400 g Mandelsplitter
100 g Honig
100 g brauner Zucker
150 g Butter
2 Eier
Abrieb einer Bio-Zitrone
100 g Zucker
250 ml Wasser
Puderzucker

Zubereitung

Braunen Zucker und Honig in einer Pfanne aufkochen, Mandeln zufügen und unter Rühren langsam karamellisieren lassen. Vom Herd nehmen und Zitronenzeste dazugeben. 2 Eier verquirlen und unter die Mandelmasse rühren. Butter schmelzen lassen.

Den angetauten Blätterteig auf die vierfache Größe ausrollen und halbieren. Eine Lage Blätterteig auf ein gefettetes Backblech geben. Mandelmischung auf 5 Portionen aufteilen. Blätterteig mit flüssiger Butter einstreichen, einen Teil Mandeln darauf verteilen. Mit den restlichen Schichten genauso verfahren. Den Abschluss bildet eine Lage Blätterteig, ebenfalls mit Butter bepinselt. Bei 200 °C Umluft etwa 20 Minuten goldbraun backen.

In der Zwischenzeit: Zucker und Wasser aufkochen und zu Zuckersirup einkochen lassen. Auf den noch warmen Blätterteig streichen, damit der Teig den Sirup aufsaugen kann. Mit Puderzucker bestreuen, in etwa 3 x 3 cm große Stücke schneiden und noch warm verzehren.

Tipp: Die Mandeln können auch durch andere Nüsse ausgetauscht werden. Zimt oder Lebkuchengewürz machen sich besonders gut. Lassen Sie Ihre Phantasie spielen!

Mandeltorte „süße Versuchung“

Zutaten

150 g Bitterschokolade (70 %)
150 g weiche Butter
150 g Zucker
4 Eier
225 g geriebene Mandeln

Zubereitung

Die Springform mit etwas Butter ausreiben. Backofen auf 160 °C vorheizen. Schokolade fein reiben oder raspeln. Butter und Zucker in der Küchenmaschine schaumig rühren. Eier trennen, Eigelb langsam unter die Buttermasse rühren.

Mandeln und Schokolade unterheben. Eiweiß steif schlagen und vorsichtig unter den Teig heben. Form mit Alufolie abdecken und im vorgeheizten Ofen 20 Minuten backen. Folie abnehmen und weitere 20 Minuten backen. Nach dem Erkalten mit Puderzucker bestreuen.

Marshmallows home-style

Zutaten für 40 Würfel

200 ml kaltes Wasser
12 Blatt Gelatine
2 EL Stärke
2 EL Puderzucker
10 g Butter
250 g Puderzucker
1 Pk. Vanillinzucker
oder ein TL Vanilleessenz
1 Prise Zimt
1 TL Kakaopulver

Zubereitung

Je 2 Esslöffel Puderzucker und Stärke mischen. Eine Springform oder Auflaufform leicht buttern und mit der Hälfte der Mischung auspudern. Den Rest zum Aufschneiden zur Seite stellen.
Gelatine in kaltem Wasser 10 Minuten quellen lassen, dann mit dem Einweichwasser auf dem Herd erwärmen, bis sie sich komplett aufgelöst hat.
Puderzucker, Vanillinzucker und Zimt in eine Rührschüssel geben. Aufgelöste Gelatine dazugeben und 5-6 Minuten schaumig aufschlagen. Die Marshmallow-Masse in die Form geben und etwa eine Stunde kaltstellen, danach auf ein mit der Stärke-Zucker-Mischung bestäubtes Brett stürzen. Messer vor dem Aufschneiden immer in heißes Wasser tauchen. Masse in beliebige Formen schneiden und mit dem Rest der Zucker-Stärke-Mischung bestäuben, damit nichts aneinander klebt.
Alternativ können Sie die Masse auch in kleine Förmchen füllen und so in Form bringen.

Tipp: Die Marshmallow-Masse lässt sich auch mit verschiedenen Sorten Fruchtsirup aromatisieren und färben: Dazu zwei Esslöffel in die Masse mit einrühren. Für kräftigere Farben reduzieren Sie einfach die Wassermenge. Ihrer Phantasie sind keine Grenzen gesetzt. Eine interessante Variante entsteht übrigens, wenn Sie eine Prise Zimt und einen Teelöffel Kakaopulver zufügen.

Mousse au Chocolat

Zutaten

2 Eier
4 Eigelbe
75 g Zucker
200 g Kuvertüre
375 g Sahne

Zubereitung

Eier, Eigelbe und Zucker in eine Metallschüssel geben. Diese auf einen Topf mit leicht kochendem Wasser setzen und die Masse etwa 10 Minuten mit dem Mixer schaumig aufschlagen. Danach die Schüssel in kaltes Wasser stellen und die Masse unter Rühren auf Raumtemperatur abkühlen. In der Zwischenzeit Kuvertüre im Wasserbad bei etwa 40 °C schmelzen lassen. Vorsichtig unter die Eiermasse ziehen. Sahne aufschlagen und ebenfalls unter die Masse heben.

Tipp: Die Mousse gewinnt an Geschmack durch eine hochwertige Kuvertüre. Im Herbst und in der Adventszeit können Sie ihr eine festliche Note verleihen, indem Sie etwas Lebkuchengewürz zufügen. Auch mit gerösteten Mandeln, einem Zitrusfrüchte-Salat oder Beeren zaubern Sie ein außergewöhnliches Dessert.

Panna Cotta

Zutaten

500 ml Sahne
500 ml Milch
100 g Zucker
½ Vanilleschote (Mark)
1 Bio-Orange für Abrieb und Saft
8 Blatt Gelatine

Zubereitung

Die Milch mit dem Zucker, der Vanilleschote und dem entnommenen Mark sowie Orangensaft und -abrieb auf etwa 75 °C erhitzen. Vom Herd nehmen.
Gelatine in kalten Wasser einweichen und 10 Minuten quellen lassen, ausdrücken und in die heiße Milch geben. Sahne hinzufügen und Masse glattrühren. Auf etwa 40 °C abkühlen lassen, erst jetzt abfüllen, da sich sonst die Gelatine absetzt. Am besten im Kühlschrank über Nacht kalt stellen. Die Form vor dem Servieren kurz in heißes Wasser stellen und die Panna Cotta auf eine Platte oder einen Teller stürzen. Mit frischen Früchten oder Beeren garnieren.

Tipp: Jede Art von Fruchtkompott oder Fruchtpüree passt sehr gut dazu. Sie können die Geschmacksrichtung jederzeit variieren, indem Sie etwa Vanille und Orange gegen löslichen Kaffee austauschen – oder die Sahne gegen Kokosmilch.

Pflaumen-Cheesecake-Pie

Zutaten

1 Platte TK-Blätterteig
5 Pflaumen
30 g Mandelhobel geröstet
50 g Zucker
Abrieb einer Limette
Saft einer Limette
4 Eier
100 g brauner Zucker
500 g Quark
30 g Stärke

Zubereitung

Blätterteig auftauen und auf 40 x 40 cm große Stücke ausrollen. Springform buttern, den Teig einlegen, Rand überstehen lassen zum Verschließen des Pie.

Pflaumen halbieren, entkernen und in jeweils 8-10 Spalten schneiden. 50 g Zucker in einer Pfanne leicht karamellisieren lassen. Pflaumen dazugeben, mit dem Limettensaft ablöschen und eine Minute garen. Mandeln darüber geben und zur Seite stellen.

3 Eier mit dem braunen Zucker schaumig rühren. Quark und Limettenzesten unterheben. Stärke einrühren. Füllung auf dem Blätterteig und Pflaumen darauf verteilen. Blätterteig von den Seiten zur Mitte hin einschlagen und den Pie verschließen.

Ei verquirlen und Teig damit einstreichen. 10 g Zucker darüber streuen. Auf 165 °C etwa 60 Minuten backen. Teig sollte karamellisiert und knackig sein.

Tiramisu

Zutaten

5 Eigelbe
120 g Zucker
2 EL Amaretto oder alkoholfreien Sirup
750 g Mascarpone
250 ml heißen Kaffee
250 g Löffelbiskuit
2 EL Kakaopulver

Zubereitung

Eigelb und Zucker mit einem Esslöffel Amaretto oder Sirup mischen. Mascarpone mit der Eigelbmischung 5 Minuten schaumig rühren. Den restlichen Amaretto oder Sirup mit dem heißen Kaffee vermischen. Löffelbiskuit einzeln schnell durch den heißen Kaffee ziehen und nebeneinander in eine Auflaufform legen. Mascarpone-Creme 1 cm dick darauf verstreichen; diese Schritte noch zweimal wiederholen. Wichtig: Die Löffelbiskuits nur ganz kurz in den Kaffee tauchen. Er darf sich nicht zu voll saugen, um das Tiramisu nicht zu verwässern.
3-4 Stunden kalt stellen, aus dem Kühlschrank nehmen und mit Kakao bestreuen.

Tipp: Sie können variieren, indem Sie dem Tiramisu statt des Kakaopulvers etwa ein schönes Erdbeerragout oder gemischte Beeren zufügen.

Topfenklöße mit Pflaumenkompott

Zutaten

500 g Quark
2 Eier
30 g Zucker
140 g Grieß
140 g zerlassene Butter
Abrieb einer Zitrone
Abrieb einer Orange
Salz
800 g Pflaumen
200 g Zucker
0,3 l Orangensaft
50 g Semmelbrösel
100 g Butter
1 TL Zimt
10 g Mais- oder Kartoffelstärke

Zubereitung

Eier, Zucker und Quark miteinander vermischen. Grieß, Butter, Abrieb und Salz hinzufügen und mit der Hand zu einem Teig verarbeiten. Kleine Klöße á 60 g abdrehen und in leicht gesalzenem Wasser 10 Minuten nur köcheln lassen (Nicht wallend kochen, da die Klößchen sonst zerfallen).
Pflaumen vierteln und entkernen. Zucker leicht karamellisieren, Pflaumen dazugeben, mit Orangensaft ablöschen. Mit Vanillemark aufkochen, mit der angerührten Stärke abbinden. Butter zerlassen, Brösel hinzufügen und bräunen lassen, Zimt dazugeben. Kompott auf tiefe Teller verteilen, gekochte Klöße in den Butterbröseln mit Zimt wenden und auf dem Kompott anrichten.

Vanilleplätzchen

Zutaten
4 Eier
500 g Zucker
500 g Mehl
½ Pk. Backpulver
1 Pk. Vanillinzucker

Zubereitung
Eier, Zucker und Vanillinzucker schaumig rühren. Mehl und Backpulver sieben und langsam unter die Masse heben. Teelöffelweise auf ein Backblech setzen. Bei 180 °C im vorgeheizten Ofen goldgelb backen.

Pfeffernüsse

Zutaten
750 g Mehl
750 g Zucker
4 Eier
1 Abrieb einer Bio-Zitrone
1 EL Zimt gemahlen
½ TL Nelken gemahlen
1 Prise Muskatnuss
1 Pk. Backpulver
20 g Butter

Zubereitung
Alle Zutaten auf ein Brett geben und miteinander zu einem Teig verkneten. Den Teig etwa 2 cm dick ausrollen und mit einer Form oder einem mehlierten Glas 4-5 cm große Plätzchen ausstechen. Bei 180 °C im Ofen hellbraun backen.

Bethmännchen

Zutaten

350 g ganze, geschälte Mandeln
250 g Puderzucker
50 g Marzipan Rohmasse
20 g Mehl
2 Eiweiß
30 g Zucker
1 Eigelb
1 EL Sahne

Zubereitung

250 g Mandeln fein mahlen und mit dem gesiebten Puderzucker vermischen. Eiweiß und Zucker steif schlagen. Mandelmischung, Marzipan und gesiebtes Mehl zum Eiweiß geben. Zu einem Teig verkneten und 2 Stunden kalt stellen. Die restlichen Mandeln der Länge nach halbieren. Aus dem Teig 50-60 kleine Kugeln formen. Jede Kugel mit drei Mandelstücken verzieren. Eigelb und Sahne verquirlen und die Kugeln damit einstreichen. Abdecken und über Nacht kühl und trocken lagern. Am nächsten Tag den Ofen auf 140 °C vorheizen und die Bethmännchen 30-40 Minuten backen. Sie sollten also 24 Stunden einplanen.

Vanillekipferl

Zutaten

280 g Mehl
210 g Butter
70 g Puderzucker
100 g geriebene Walnüsse
200 g Puderzucker zum Wälzen der Kipferl
1 Pk. Vanillinzucker

Zubereitung

Mehl auf eine Arbeitsfläche geben, Butter in Flocken darüber verteilen.
Puderzucker und Mehl dazugeben und zu einem glatten Teig verarbeiten. 30 Minuten ruhen lassen. Den Teig zu kleinen Rollen formen und mit der Hand zu Kipferln drehen. Auf ein Backblech legen und im vorgeheizten Backofen bei 180 °C etwa 10 Minuten backen.
Puderzucker und Vanillinzucker mischen und die noch warmen Kipferl darin wenden.

Zitronenjette

Zutaten

300 g Joghurt
300 g Schmand oder Sauerrahm
200 ml Zitronensaft
250 g Zucker
8 Blatt Gelatine
250 ml Sahne, gekühlt

Zubereitung

Gelatine in kaltem Wasser einweichen und 10 Minuten quellen lassen. Zucker und Zitronensaft auf 75 °C erhitzen. Gelatine ausdrücken und in den Sirup einrühren. Joghurt und Sauerrahm oder Schmand in einer Schüssel vermischen. Sirup langsam einrühren. Masse auf etwa 20 °C abkühlen lassen, bis sie beginnt fest zu werden. Sahne aufschlagen und vorsichtig unter die Masse heben. Am besten über Nacht kaltstellen und mit frischen Erdbeeren genießen.

Coconut Milk
Lait de coco

DIES UND DAS: ALLERLEI NÜTZLICHE UND LECKERE TIPPS

Wie komme ich beim Grillen ohne Fertig-Saucen aus? Wie kann ich ein Müsli zum Frühstück selbst zubereiten? Welche Beilagen lassen sich lecker zubereiten und bei großem Hunger eventuell einzelnen Rezepten zufügen? Und worauf muss ich achten, wenn ich anstelle einer Fertig-Pizza meine eigene backen will? Immer wieder werde ich nach solchen Details aus meiner Küche gefragt, um sie Zuhause übernehmen zu können. Dazu habe ich hier einige Tipps und Anregungen in Rezepten zusammengestellt.

Frühstücksmüsli IK-Spezial

Zutaten

400 g Natur-Joghurt 3,5 %
100 ml Apfelsaft
150 g Haferflocken
150 g Nuss-Früchte-Müslimix
1 Apfel, geschält und gerieben
100 ml Bananensaft

Zubereitung

Zuerst den Joghurt mit den Säften in einer Schüssel vermischen. Alle restlichen Zutaten hinzufügen, gut verrühren und über Nacht in den Kühlschrank stellen, damit das Müsli quellen kann. Die Süße lässt sich nach Geschmack variieren: mit Honig, Zucker oder Sirup. Auch die Konsistenz des Müslis können Sie individuell anpassen. Im Kühlschrank aufbewahrt, hält sich das Müsli für 2-3 Tage.

Grill-Dips „speedy" – schnell und unkompliziert

Diese Dips eignen sich für die schnelle Küche: Ohne Mayonnaise sind sie leicht und bekömmlich. Die Zutaten dafür müssen Sie nicht lange und kompliziert rösten, einkochen oder umfüllen, sie lassen sich alle fix in einer Schüssel fertigstellen. Alle Dips enthalten die Zutaten jeweils für einen halben Liter.

BBQ-Dip speedy

Zutaten

250 ml Ketchup
150 g Honig
50 g Chili-Sauce
60 ml Soja-Sauce
15 ml Balsamico Essig
100 ml Apfelsaft

Zubereitung

Honig, Chili, Soja-Sauce, Apfelsaft und Balsamico in einem Topf aufkochen. 10 bis 15 Minuten köcheln, dann unter das Ketchup ziehen. Wenn vorhanden, mit Liquid Hickory Smoke abwürzen.

Curry-Dip speedy

Zutaten

200 g Joghurt
200 g Frischkäse
5 g Salz
100 ml Fruchtsaft (Apfel oder Ananas)
je 1 EL Chili-Sauce und Honig
1 EL Curry
1 TL Kurkuma
Salz und etwas Zitronensaft

Zubereitung

Alle Zutaten zusammenfügen. 10 Minuten stehen lassen und nochmals verrühren. Die Kurkuma entfaltet dann Farbe und Geschmack.

Knoblauch-Dip speedy

Zutaten

250 g Joghurt
250 g Frischkäse
5 g Salz
4 Knoblauchzehen
1 Zitrone (Zesten und Saft)

Zubereitung

Knoblauch schälen, in feine Würfel schneiden. Zitrone waschen, Zesten abziehen und Saft auspressen. Alle Zutaten miteinander mischen. Am besten über Nacht stehen lassen.

Kräuter-Dip speedy

Zutaten

je 150 g Quark, Frischkäse und Joghurt
10 g Salz
je 1 Bund Blattpetersilie, Kerbel und Liebstöckel
Zitrone

Zubereitung

Die Kräuter waschen und einschließlich Stielen fein schneiden. Die Kräuterauswahl lassen sich je nach Geschmack austauschen. Alle Zutaten mischen und mit Salz und etwas Zitrone abschmecken.

Kokos-Curry-Sauce

Zutaten

250 ml Kokosmilch
250 ml Sahne
250 ml Gemüsebrühe
je 1 Apfel, Birne, Banane
1 Stängel Zitronengras
1 rote Zwiebel
50 g Ingwer gerieben
1 EL Koriandersamen
1 EL Fenchelsamen
1 EL Currypaste gelb
100 ml Sweet Chili-Sauce
2 EL Curry indisch
½ EL Kurkuma
50 ml weiße Soja-Sauce
Salz, Pfeffer,
2 EL Honig
½ Bund Koriander frisch
Maisstärke zum Abbinden

Zubereitung

Apfel und Birne entkernen und in grobe Stücke schneiden. Banane schälen und klein schneiden. Rote Zwiebel schälen, würfeln und in etwas Öl farblos andünsten, Früchte zufügen. Fenchel- und Koriandersamen dazugeben und kurz anrösten.
Geriebenen Ingwer hinzufügen. Zitronengras mit dem Messerrücken oder einem Topf aufbrechen und dazugeben. Mit Kokosmilch, Sahne und Brühe ablöschen.
Alle Gewürze hinzufügen und 15 Minuten köcheln lassen. Zitronengrasstängel entfernen. Alles mit dem Pürierstab aufmixen. Eventuell mit etwas Maisstärke abbinden (in kaltem Wasser anrühren). Mit Salz, Pfeffer und Honig abschmecken.
Den frischen Koriander einschließlich der Stiele in Streifen schneiden und dazugeben und fertig!

Tipp: Die Sauce passt gut zu Huhn, Fisch, Gemüse und Tofu.

Pesto

Zutaten für 700 g

100 g Mandeln gemahlen
200 g frisch geriebener Parmesan oder Grana Padano
2 Bund Rucola
½ Bund Basilikum
½ Bund glatte Petersilie
1 l Olivenöl
1 Knoblauchzehe

Zubereitung

Knoblauchzehe schälen, alle Zutaten klein schneiden und in einer Schüssel mischen. Frisch geriebenen Parmesan oder Grana Padano zufügen. Mit dem Stabmixer oder der Küchenmaschine aufmixen. Das Olivenöl langsam einlaufen lassen. Eventuell etwas Salz dazugeben. Pesto in Gläser abfüllen.

Tipp: Im Kühlschrank aufbewahrt hält sich das Pesto für 6-8 Wochen, wobei Sie immer darauf achten sollten, dass es nach Entnahme mit etwas Öl bedeckt ist. Dazu ist unbedingt ein Stück echter Parmesan oder Grana Padano erforderlich. Von den im Handel erhältlichen fertig geriebenen Käsemischungen in Plastiktüten rate ich generell ab.

Pizza-Grundteig

Zutaten

400 g Mehl
100 g Grieß
1 TL Salz
1 TL Zucker
2 EL Olivenöl
250 ml Wasser, lauwarm
15 g Frisch-Hefe

Zubereitung

Mehl, Grieß, Salz und Zucker miteinander mischen. Olivenöl, lauwarmes Wasser und Hefe verrühren und 10 Minuten quellen lassen. Beides miteinander vermischen bis ein geschmeidiger Teig entsteht. 30 Minuten gehen lassen. Ausrollen und auf dem Backblech noch einmal gehen lassen. Je nach Belag 20-25 Minuten bei 200 °C backen.

Tipp: Mit diesem Teig haben Sie eine schöne Basis für einen leckeren Pizza-Abend. Mit weiteren, oben nicht aufgeführten Zutaten Ihrer Wahl entscheiden Sie sich nach Geschmack und Kreativität für eine Pizza mit Tomate und Mozzarella, für andere Gemüsesorten oder sonstige Beläge.

Für die Sauce können Sie etwa eine Möhre schälen und fein würfeln, in etwas Öl andünsten. Honig dazugeben und die Möhren leicht glacieren. Oliven entkernen, in Scheiben schneiden und kurz mit glacieren. Mit geschälten Tomaten ablöschen. Mit Salz abschmecken und 15 Minuten köcheln lassen. Basilikum zupfen und in die Sauce geben.

Der Pizzateig eignet sich auch gut für Focaccia oder Pizzabrötchen. Fügen Sie wahlweise etwa mediterrane Kräuter hinzu, hochwertige Oliven, Kapern oder einfach nur etwas Meersalz. Backen Sie auch mal frisch geriebenen Parmesan oder Grana Padano in den Teig mit ein. Aus diesem Teig können Sie zudem ein leckeres Brot backen. Serviert mit Olivenöl, Parmaschinken und etwas Rucolasalat ist es köstlich. Ein leckerer Büffel-Mozzarella macht sich auch gut dazu.

Köstliche Beilagen aus Knolle, Reis & Co.

In meiner Rezeptsammlung habe ich in den meisten Fällen bewusst die Sättigungsbeilagen weggelassen. Falls Sie nicht darauf verzichten wollen, wählen Sie einfach nach Geschmack und Appetit Ihre Beilage. Auch dazu empfehle ich Abwechslung, indem Sie Ihre Favoriten in kreativen Varianten auf den Tisch bringen.

Reis

Er muss nicht immer aus dem Kochbeutel kommen. Testen Sie einfach mal die Vielfalt von Wildreis über schwarzen Reis bis hin zu Jasmin- oder Duftreis. Dabei entdecken Sie bestimmt eine neue Lieblingssorte.
Geschmackliche Varianten erreichen Sie, wenn sie dem gekochten Reis etwa Limettenabrieb, -saft und -filets hinzufügen. Oder von anderen Zitrusfrüchten: Orangen, Zitronen oder Pampelmuse. Gut passt auch die Zugabe von Granatapfelkernen. Andere Aromen erreichen Sie, wenn Sie den Reis mit ein paar gerösteten Nüssen oder Sesamkörnern dekorieren; sie werden ohne Öl angeröstet, da sie selbst Öle enthalten. Sie können auch frische Kräuter oder Kräuteröl hinzufügen. Lecker finde ich die Zugabe einer Mischung im Kochwasser: etwas gemahlener Koriander, Cumin (Kreuzkümmel), Curry und frischer Ingwer.

Kartoffeln

Der Wochenmarkt bietet eine große Fülle an Sorten – festkochend, vorwiegend festkochend oder mehlig. Es gibt sogar violette oder rote Kartoffeln. Alle Sorten lohnen einen Test und garantieren so manche Entdeckung. Mein Favorit ist die rotschalige Laura. Neue Kartoffeln oder La Ratte-Kartoffeln lassen sich auch mit der Schale essen: Sie schmecken gut als Pellkartoffeln. Oder gewürzt mit etwas Olivenöl, frischen Kräutern und Meersalz, bei 180 °C für etwa 30 Minuten im Ofen: Einfach lecker!
Klassische Kartoffelpuffer und Rösti können Sie auch mit Süßkartoffeln, Kürbis oder etwa Möhren verfeinern. Eine tolle Variante von Pfannenkartoffeln habe ich meiner Mutter abgeschaut: Kartoffeln schälen, in zentimeterdicke Streifen schneiden, in einer Pfanne mit etwas Öl andünsten und langsam mit Brühe garen.
Sie können Möhren- oder Süßkartoffel-Stifte dazugeben. Andere Varianten: etwa mit Zwiebeln und Salamistreifen oder mit Kräuter und Speck.

Ein frisches, leckeres Kartoffelpüree wird ganz schnell zu einer Verführung, indem Sie es einfach mit Ihrer Lieblingsbeigabe der Saison ergänzen. Nehmen Sie etwa Süßkartoffeln als Basis für Ihr Püree, gemischt im Verhältnis 60:40. Ebenso eignen sich Kürbiswürfel, Apfelwürfel oder ein Pesto zum Mischen. Jede Art von gebratenem Gemüse kann das Püree ergänzen und abrunden. Eine süßsäuerliche Komponente im Püree schaffen Granatapfelkerne. Lecker sind auch gebratene Speckwürfel – und wer möchte: Zwiebelwürfel. Im Herbst empfehlen sich zum Püree Kürbis, frische Pfifferlinge, Steinpilze oder Maronen.

Nudeln

Auch bei Teigwaren haben Sie große Auswahl: Pasta mit oder ohne Ei, in vielerlei Farben und Formen ist sie zu kaufen. Nehmen Sie nicht immer die günstigste Sorte. Vielleicht gibt es auch in Ihrer Nähe eine Nudelmanufaktur? In Hamburg sind sogar mehrere. Zudem bekommt man bei einigen guten Lieferanten frische original-italienische Nudeln, auch Platten für Lasagne gibt es dort zu kaufen. Oder wagen Sie die Mühe: Die Pasta aus einem selbst gemachten Nudelteig schmeckt einfach köstlich!

Couscous oder Bulgur

Couscous und Bulgur unterscheiden sich vor allem in der Garzeit. Couscous wird aus Hartweizengrieß hergestellt und hat eine feine Konsistenz. Er muss nicht gekocht werden. Er wird im Verhältnis 1:2 mit kochendem Wasser oder Brühe übergossen. Zehn Minuten quellen lassen und kurz mit einer Gabel verrühren. Bulgur ist vorgekochter Hartweizen, der wie Reis gegart werden kann – er lässt sich entweder kochen oder auch ansetzen wie Pilaw-Reis oder Risotto. Auch hier können sie einfach variieren. Wenn Sie dem Kochwasser etwas Kurkuma beifügen, wird der Bulgur leuchtend gelb. Mit Curry, Cumin und Ingwer zaubern Sie ein orientalisches Gericht: Geben Sie danach etwas Joghurt, Minze und Granatapfelkerne darüber.
Bulgur und Couscous können als Beilagen dienen; zusammen mit Gemüse sind sie auch alleinstehende Gerichte. Varianten: Geben Sie eingekochte oder frische Tomaten dazu. Oder wahlweise getrocknete Tomaten und Oliven, Datteln und Weintrauben, geschnittene Blattpetersilie und frischer Koriander (mit Stielen und Blättern). Ihrer Phantasie sind auch hier keine Grenzen gesetzt.

Scherers Immun-Auffrischer

Zutaten

2 EL Honig
30 g geriebener Ingwer
2 Orangen
2 Limetten oder Zitronen
2 Beutel Früchte- oder Schwarztee
0,5 l Wasser

Zubereitung

Honig erwärmen, geriebenen Ingwer dazugeben. Saft der Orangen und Zitronen auspressen und dazugeben. Wasser zufügen und aufkochen. Mit den Teebeuteln 5 Minuten ziehen lassen. Gute Besserung!

Info: Dieser Tee bewirkt manchmal sogar kleine Wunder, meistens tut er aber einfach gut. Meine Empfehlung: Vor dem Schlafengehen trinken. Man schwitzt dann zwar, aber er hilft, schnell wieder fit zu werden.

Ingwer wird schon seit über 4000 Jahren als Gewürz und Heilpflanze verwendet. Erst mit dem Einzug der asiatischen Küche hierzulande findet Ingwer bei uns zunehmende Beachtung. Zuvor schon wurde er häufig für Desserts genutzt, etwa in Verbindung mit Schokolade. Er eignet sich jedoch hervorragend dafür, Gerichten eine bekömmliche Schärfe zu verleihen.

Seine heilende und vorbeugende Wirkung sind nicht zu unterschätzen. Ingwer wirkt vitalisierend, muskelentspannend und fördert die Durchblutung. Es werden ihm sogar antibakterielle und antivirale Wirkungen nachgesagt. Bei Erkältungen und Husten wird er ebenso eingesetzt wie bei Verdauungsproblemen und Übelkeit: Ein Allrounder mit erstaunlichen Wirkungen!

Streusel für Süßes und Pikantes

Süße Streusel

Zutaten

400 g Mehl
200 g Zucker
1 Pk. Vanillinzucker
250 g Butter
1 TL Zimt

Zubereitung

Zuerst die Butter aus dem Kühlschrank nehmen, damit sie Raumtemperatur bekommt. Mit allen Zutaten in eine große Schüssel geben. Mit den Händen vorsichtigen vermengen, bis lockere Streusel entstehen, den Teig nicht zu kräftig kneten. Je nach Beschaffenheit noch etwas Mehl unterheben. Streusel locker auf ein gefettetes oder ausgelegtes Backblech legen. Bei 180 °C rund 15-20 Minuten goldgelb backen.

Tipp: Sie können die Streusel auch direkt auf Früchtekompotts, Crumbles oder Kuchen geben und dann im Ofen fertig garen.

Streusel für Pikantes

Zutaten

400 g Mehl
50 g Zucker
20 g Salz
1 Pk. Vanillinzucker
250 g Butter (Raumtemperatur)
Rosmarin, Thymian
100 g gehackte Oliven

Zubereitung

Alle Zutaten in einer großen Schüssel vermengen, bis lockere Streusel entstehen, nicht zu kräftig kneten. Eventuell noch etwas Mehl unterheben. Streusel locker auf ein gefettetes oder ausgelegtes Backblech legen. 15-20 Minuten bei 180 °C goldgelb backen.

Tipp: Diese Streusel machen sich auch gut, wenn sie direkt etwa auf einem Ratatouille-Gemüse im Ofen überbacken werden. Die Oliven lassen sich auch durch getrocknete Datteln oder Aprikosen ersetzen.

DREI LIEBLINGSREZEPTE AUS MUTTERS KÜCHE

Verwöhnt durch klassische Hausmannskost, wie etwa Eintöpfe, Kartoffelpuffer oder leckere Salate, entwickelte ich schon früh meine Neigung zum Kochen. Ich schaute einfach meiner Mutter zu und ging ihr auch gerne zur Hand. In unserer Küche daheim kamen damals oft frische Produkte auf den Tisch, zum Teil aus dem eigenen Garten geerntet.

Als kleines Dankeschön für meine Mutter veröffentliche ich hier drei klassische Rezepte, die mich immer an zu Hause erinnern werden: Lenis Nusskuchen, Scherers Käsesahnetorte mit Mandarinen und ihr Siegerländer Kartoffelbrot.

Lenis Nusskuchen

Zutaten für eine Springform

250 g Margarine oder Butter
250 g Zucker
4 Eier
150 g gemahlene Nüsse
1 Pk. Vanillinzucker
250 g Mehl
½ Pk. Backpulver
100 g geriebene Blockschokolade
100 ml Milch

Zubereitung

Margarine oder Butter und Zucker mit dem Mixer aufschlagen. Eier einzeln dazugeben. Mehl, Vanillinzucker und Backpulver darüber sieben und verrühren.
Milch langsam zufügen und vermischen. Gemahlene Nüsse vorsichtig unterheben, danach die geriebene Blockschokolade vorsichtig unterheben.
In eine gefettete Springform mit Rohrboden füllen. Bei 190 °C im vorgeheizten Ofen 45 Minuten backen. Als Dekoration klassische Schokoglasur und Schokoladenmandeln oder andere Nüsse verwenden.

Scherers Käsesahnetorte

Zutaten

150 g Margarine
50 g Puderzucker
1 Pk. Vanillinzucker
1 Prise Salz
2 Eigelbe
2 Eiweiß aufgeschlagen
150 g Mehl
½ TL Backpulver
500 g Speisequark
180 g Zucker
Saft einer Zitrone
¼ l Sahne, steif geschlagen
1 Dose Mandarinensegmente
12 Blatt Gelatine
100 g Puderzucker

Zubereitung

Für die Tortenböden Margarine, Zucker, Eigelb, Vanillinzucker und Salz gut verrühren. Mehl und Backpulver darüber sieben und zu einem streichfähigen Teig verarbeiten. Teig auf zwei gefettete Springformböden verteilen und glatt streichen.

Bei 180 °C etwa 20 Minuten goldgelb backen. Böden jeweils noch heiß von den Platten lösen. Einen Boden in 12 Stücke teilen.

Für die Quarkcreme 12 Mandarinenstücke als Dekoration zur Seite legen. Gelatine in kaltem Wasser einweichen und 10 Minuten quellen lassen. Ausdrücken und in einem kleinen Topf mit 3 Esslöffeln Mandarinensaft erwärmen. Quark mit Zucker, Zitronensaft und aufgelöster Gelatine verrühren. Mandarinen abschütten und unter den Quark rühren. Steif geschlagenes Eiweiß und steif geschlagene Sahne unterheben.

Den ungeteilten Tortenboden auf eine Tortenplatte legen. Springformrand fetten und mit einem Streifen Backpapier auslegen. Die Springform auf den Tortenboden setzen. Quarkcreme darauf verteilen und vorsichtig glatt streichen.

Die 12 Bodenstücke gleichmäßig darauf setzen. 3-4 Stunden kalt stellen.

Vor dem Servieren den Springformrand lösen und die Tortenstücke aufschneiden. Kuchen mit Puderzucker bestreuen und mit den Mandarinensegmenten dekorieren.

Siegerländer Kartoffelbrot

Zutaten

500 g Kartoffeln
4 TL Salz
550 ml heißes Wasser (etwa 80 °C)
1 kg Weizenmehl
1 Pk. frische Hefe

Zubereitung

Kartoffeln waschen, schälen und mit der feinen Reibe in eine Schüssel reiben. Salz dazugeben. Wasser aufkochen, etwas abkühlen lassen und unter die Kartoffeln rühren. Mehl darüber sieben. Hefe zerbröseln und zufügen. Mit dem Knethaken am Mixer oder einer Küchenmaschine gut verrühren. Sollte der Teig zu fest sein, noch etwas Wasser dazugeben.
Abdecken und rund 30 Minuten gehen lassen. Ofen auf 250 °C vorheizen. Den Teig auf zwei gefettete Kastenformen verteilen. 20 Minuten zunächst bei 250 °C, weitere 25 Minuten bei 220 °C nochmals backen. Stürzen und etwas abkühlen lassen.

Tipp: Das frische Kartoffelbrot meiner Mutter war bei uns Zuhause ebenso wie unter Nachbarn der Renner: Wir aßen es gerne lauwarm und mit gesalzener Butter. Neben der klassischen Variante können Sie das Brot auch in die Moderne holen: Verfeinern Sie den Teig mit Kräutern und Oliven, mit getrockneten Tomaten, mit Speck oder Zwiebeln. Auch hier gilt meine Devise: Nichts ist unmöglich!

FLEISCH- UND FISCHGERICHTE

Weder Fisch noch Fleisch in einem Kochbuch? Wie schon anfangs erwähnt: Meistens sind Pannfisch, Steaks, Schnitzel und Braten geläufig. Doch hier möchte ich zum Abschluss noch einige Anregungen zur Abwechslung bieten.

Beim Fleischkauf rate ich zur Devise „weniger ist mehr“. Bevorzugen Sie dafür hochwertige Ware, wenn möglich aus ökologischer oder Bio-Landwirtschaft. Auch bei Fleischgerichten lohnt sich gute Planung: So können Sie aus einem ganzen Huhn gleich drei bis vier Mahlzeiten zaubern. Gegrillte Hühnerbrust oder -schenkel aus dem Ofen stehen dann auf dem Speiseplan, zudem Hühnerfrikassee, gefolgt von einem kräftigen Eintopf mit der Brühe aus den Hühnerknochen gekocht. Oder auch: eine leckere Hühnersuppe mit Nudeln.

Asia-Ente mit Kokos-Currysauce, Couscous und Sesammöhren

Zutaten

1 Ente
50 ml Soja-Sauce
50 ml Sweet Chili-Sauce
1 Limette
1 Bund Koriander (hier nur die Stiele)
Chili
200 g Couscous
100 ml Apfelsaft
200 ml Gemüsebrühe
1 TL Kurkuma
1 Bund Koriander
1 kg Möhren
100 ml Orangensaft
Salz, Zucker
Sesamöl
50 g gerösteter Sesam
250 ml Kokosmilch
1 Apfel
1 Banane
Salz, Zucker
1 Esslöffel Currypaste mild
200 ml Gemüsebrühe
100 ml Orangensaft
20 g Maisstärke

Zubereitung

Die Ente am besten am Vortag vorbereiten: Ente würzen, Limette vierteln und mit den Korianderstielen in die Ente geben. Bei etwa 180 °C im Ofen 90 Minuten garen. Auskühlen lassen und von den Knochen lösen. Ente im entstandenen Sud über Nacht kaltstellen.
Couscous in eine Schüssel geben. Mit Apfelsaft, Sweet Chili, Soja-Sauce und in Streifen geschnittenen Korianderblättern marinieren. Brühe und Kurkuma aufkochen und im Verhältnis 2:1 dem Couscous beifügen. Umrühren und abgedeckt etwa 15 Minuten quellen lassen. Mit einer Gabel leicht verrühren, so bleibt der Couscous locker.
Möhren schälen, längs halbieren und schräg in Scheiben schneiden. Sesamöl erhitzen, die Möhren dazugeben, mit Salz und Zucker würzen. Mit Orangensaft ablöschen und einkochen lassen. Sesam ohne Fett in einer Pfanne rösten und vor dem Anrichten zu den Möhren geben.
Apfel entkernen und klein schneiden, Banane klein schneiden. Beides in einem Topf kurz anbraten, mit Kokosmilch, Brühe und Gewürzen aufkochen und etwas einkochen lassen, dann aufmixen.
Maisstärke in etwas kaltem Wasser anrühren, in die kochende Sauce geben und etwa 5 Minuten köcheln lassen. Marinade der Ente dazugeben.
Die Ente aus der Marinade nehmen. Auf ein Backblech legen. Auf 150 °C rund 25 Minuten im Ofen erwärmen, dann auf 250 °C so lange garen bis die Haut schön kross geworden ist. Gerne zwischendurch mit dem entstehenden Fond einpinseln.
Und dann einfach genießen. Zugegeben: Die Zubereitung ist aufwändig, aber sie lohnt sich!

Bologneses mal anders

Zutaten für 10 Portionen

1 kg Rinderhackfleisch, grob gewolft (8 mm)
100 g Lauch
150 g Möhren
150 g Sellerie
100 g Zwiebeln
100 g Landschinken oder Parmaschinken
je 15 g gezupfte Blätter von Rosmarin, Thymian, Salbei
300 ml Gemüsebrühe
1 Dose geschälte Tomaten (400 g)
200 g Oliven
1 EL Tomatenmark
Olivenöl
Salz

Zubereitung

Gemüse waschen und in etwa 1 cm Würfel schneiden. Oliven entkernen. Kräuter abzupfen. Einen Topf stark erhitzen. Olivenöl dazugeben und das Hackfleisch darin kross anbraten. Gemüsewürfel und Schinkenstreifen dazugeben und kurz mitrösten. Mit Brühe und geschälten Tomaten ablöschen. 1,5 bis 2 Stunden köcheln lassen. Geschnittene Kräuter dazugeben. Erst jetzt salzen, da der Schinken auch schon eine Menge Salz abgibt.

Ente mit Grünkohl

Zutaten

1 Ente
2 Zwiebeln
1 Karotte
500 g Sellerie
1 EL Tomatenmark
½ l Rotwein
1 l Gemüsebrühe
1 Orange
1 Apfel
Salz
Pfeffer
1 kg Grünkohl (Glas oder Dose)
oder 2 kg Grünkohl frisch
200 g Bauchfleisch oder Speck

Zubereitung

Gemüse schälen, waschen und in 5 cm große Stücke schneiden. In einem Bräter anbraten, etwas Tomatenmark dazugeben und anrösten. Mit dem Rotwein und ¼ l der Brühe ablöschen.
Die Ente mit Salz und Pfeffer würzen. Apfel und Orange in Stücke schneiden und die Ente damit füllen. Auf das gebratene Gemüse setzen. Bei 170 °C Heißluft in den Ofen schieben für etwa 1,5 bis 2 Stunden. Alle 15 Minuten mit etwas Brühe oder dem Bratensatz im Bräter übergießen. Dann testen, ob die Ente fertig ist: Einfach mit einer Fleischgabel oder einem Metallspieß in die Seite zwischen Keule und Brust stechen. Lässt sich die Gabel ohne Widerstand einstechen und tritt kein roter Fleischsaft mehr aus, ist die Ente gar. Aus dem Ofen nehmen und warmstellen.
Das Gemüse und den Fond, der im Bräter ist, mit einem Mixer oder Mixstab aufmixen, abschmecken und mit etwas Stärke abbinden. Vor dem Servieren noch einmal mit Oberhitze kross braten.
Frischen Grünkohl waschen, mit der Hand vom Strunk entfernen und kurz in kochendem Wasser blanchieren, um die Bitterstoffe zu entnehmen. Ersatzweise lässt sich auch hochwertiger Grünkohl aus dem Glas oder der Dose (nur 1 kg) verwenden. Zwiebel und Speck würfeln, alles zusammen anbraten. Den Grünkohl dazugeben, 0,5 l Brühe zufügen und für 1-1,5 Stunden köcheln lassen. Mit Salz, Zucker, Senf und Pfeffer würzen. Um den Grünkohl zu binden, entweder zarte Haferflocken einrühren oder 2 dicke rohe Kartoffeln fein reiben und in den heißen Grünkohl geben. Bei beiden Varianten muss der Kohl noch rund 20 Minuten köcheln, damit die Bindung entsteht.

Maishähnchen mit Couscous und Minz-Joghurt

Zutaten

4 Maishähnchenbrüste
Rosmarin
Thymian
Meersalz
200 g Couscous
400 ml heißes Wasser
1 Zucchini
1 Granatapfel
200 g Naturjoghurt
frische Minze
Koriander
1 Ingwerknolle, daumengroß
Fenchelsamen, Kreuzkümmel und Kardamom nach Belieben

Zubereitung

Die Maishähnchenbrüste salzen und auf der Hautseite in etwas Olivenöl anbraten.

Rosmarin und Thymian dazugeben und 10-15 Minuten in den Backofen bei 140 °C geben. Unterdessen Joghurt in eine Schüssel geben, Koriander und Minze abzupfen und zum Joghurt geben. Ein 2 cm großes Stück Ingwer schälen, fein reiben und zufügen.

Couscous in eine Schüssel geben. Immer im Verhältnis 1:2 kochendes Wasser darauf geben, abdecken und quellen lassen. Granatapfel halbieren, Fruchthälfte mit der offenen Seite nach unten in die Hand nehmen und über eine Schüssel halten. Mit einem Löffel darauf klopfen, um die Fruchtkerne zu lösen, die weiße Fruchthaut bleibt im Granatapfel. Zucchini in feine Würfel schneiden, in etwas Öl anbraten, salzen, Rosmarin und Thymian zufügen und alles zum Couscous geben.

Je 1 Teelöffel Fenchelsamen und Kreuzkümmel in einer trockenen Pfanne anrösten. 2 Kardamomkapseln dazugeben, entweder in einem Mörser zerstoßen oder in Folie gewickelt mit einem kleinen Topf oder Messer zerdrücken. Ebenfalls zum Couscous geben, auf 4 Teller verteilen.

Hähnchenbrüste aus dem Ofen nehmen, diagonal halbieren und auf dem Couscous anrichten. Joghurt-Dip in Streifen darüber geben. Granatapfelkerne darüber verteilen.

Rinderhackbällchen mit Tomaten-Honig-Ingwer-Sauce und Ofengemüse

Zutaten

600 g Rinderhack, fein gewolft
1 trockenes Brötchen
je ½ Bund Blattpetersilie, Koriander, Rosmarin und Thymian
2 Eier
Salz, Muskat
1 TL Senf mild
Fenchelsaat, Cumin, Zimt
1 Knolle Ingwer
100 ml Honig
1 Dose geschälte Tomaten (400 g)
je 1 Zucchini grün und gelb, Fenchel, Möhre
2 EL Olivenöl

Zubereitung

Zur Vorbereitung das Brötchen in handwarmem Wasser einweichen, Petersilie und Koriander waschen, Stiele und Blätter getrennt schneiden, Ingwer schälen, fein reiben. Gemüse waschen. Zucchini und Möhre vierteln und in 4 cm Stücke schneiden. Fenchel halbieren, entstrunken, das Grün zur Seite legen und den Fenchel ebenfalls in Stücke schneiden. Rosmarin und Thymian abzupfen und fein schneiden. Aus den Gemüseabschnitten, Kräuterresten und 1,5 l Wasser einen Sud ansetzen. 15 Minuten köcheln lassen, abseihen und den Sud wieder auf den Herd stellen.

Das eingeweichte Brötchen ausdrücken. Mit den Eiern, Senf, Petersilienstielen mischen und mit einem Stabmixer aufmixen. Mit dem Hackfleisch vermengen, Fenchelgrün fein schneiden und dazugeben. Mit Salz und Muskat abschmecken. 12 Hackbällchen aus der Masse formen. In den Sud geben und etwa 15 Minuten gar ziehen lassen.

Fenchelsaat in einem Topf anrösten, geriebenen Ingwer dazugeben. Zimt, Cumin und die Korianderstiele dazugeben; Honig hinzufügen. Mit den geschälten Tomaten ablöschen und 15 Minuten köcheln lassen, abwürzen. Hackbällchen aus dem Sud nehmen und in der Tomatensauce warm stellen.

Gemüse mit dem Olivenöl und den Kräutern mischen, salzen. Flach auf ein Backblech geben; Ofen auf 250 °C vorheizen und Gemüse für 10 Minuten garen, Ofen ausschalten und Gemüse ziehen lassen.

Saltimbocca mit Kürbis-Kartoffelpüree und Salbeisauce

Zutaten

600 g Schweinerücken, in 12 dünne Scheiben geschnitten
½ Bund Salbei
6 Scheiben italienischer Landschinken
500 g frisch geschälte Kartoffeln
300 g Hokkaido-Kürbis
1 Zweig Rosmarin
1 Zweig Thymian
150 ml Milch, ggf. lactosefrei
Salz
Muskat
50 g Butter
250 ml Gemüsebrühe

Zubereitung

Kartoffeln in Salzwasser weichkochen, abschütten, und abdampfen lassen. Kürbis in 3 x 3 cm große Würfel schneiden und mit abgezupftem Rosmarin und Thymian in etwas Olivenöl andünsten, mit Salz und Muskat würzen und auf kleiner Temperatur garen lassen. Kartoffeln stampfen, abschmecken, etwas Butter und die Milch dazugeben und verrühren. Den Kürbis zum Püree geben und stückig unterheben und zur Seite stellen.
Schweinerückenscheiben auf eine Klarsichtfolie geben, zweite Folie darauf legen und die Scheiben plattieren. Die Folie verhindert das Festkleben. Auf jede Scheibe 2 Salbeiblätter und eine ½ Scheibe Landschinken legen. In einer heißen Pfanne mit etwas Olivenöl auf der Schinkenseite 30 Sekunden anbraten, umdrehen und nach wieder 30 Sekunden herausnehmen. Den Bratensatz in der Pfanne mit der Gemüsebrühe ablöschen und etwas einkochen lassen. Den restlichen Salbei abzupfen und in den Fond geben. Die Saltimbocca wieder in den Fond legen und 2-3 Minuten ziehen lassen. Kürbis-Kartoffelpüree flach auf die Teller geben, je 3 Saltimbocca darauf legen und den reduzierten Salbeifond darauf verteilen.

Scholle im Duett

Zutaten

4 Schollenfilets á 160 g
100 g durchwachsener Speck
1 Fleischtomate
4 Eier
50 g Mehl
1 Zitrone
Salz
100 ml Rapsöl

Zubereitung

Die Filets vorsichtig waschen und trocken tupfen, der Länge nach halbieren, mit Zitrone und Salz würzen. Eier aufschlagen und würzen. Tomate waschen, vierteln, entkernen und in Würfel schneiden.
Speck anbraten, Petersilie klein schneiden und zum Speck dazugeben. Zwei Pfannen mit Öl erhitzen. Die Hälfte der Filets in etwas Mehl wenden, anbraten, umdrehen und fertig garen lassen. Die zweite Hälfte der Filets ebenfalls in Mehl wenden, in das aufgeschlagene Ei tauchen und im Öl von beiden Seiten goldgelb backen.
Je ein Filet pro Sorte auf einem Teller anrichten. Den Speck auf dem Naturfilet verteilen, auf dem in Ei gebackenen die Tomatenwürfel geben. Dazu passen wunderbar ein knackiger Salat oder frische Salzkartoffeln.

Danke!

Allen voran möchte ich dem Direktorium und dem Kuratorium des Israelitischen Krankenhauses danken für die Unterstützung und Förderung meiner Ideen.

Besonders danke ich meinem Stellvertreter Collin Hoger, der mit mir Tag für Tag auf die Fortschritte unserer Küche setzt. Ein großes Dankeschön auch unserem Küchen-Team, das sich auf Neuerungen einlässt und sie trägt. Gemeinsam haben wir schon viel erreicht, und alle tragen mit ihren individuellen Stärken täglich dazu bei.

Ebenfalls Danke an alle Patienten und Mitarbeiter des Krankenhauses, die täglich unsere Gerichte genießen – mit rundum positivem Feedback. Aus ihren Bitten um Rezepte entstand die Idee zu diesem Kochbuch.

Marcus Scherer

Marcus Scherer und Collin Hoger

Verzeichnis der Rezepte von A-Z

Das Israelitische Krankenhaus

„Menschenliebe ist die Krone aller Tugenden." So lautet das Leitmotiv von Salomon Heine (1767-1844). Der Hamburger Bankier und Philanthrop legt 1839 den finanziellen Grundstein für das Israelitische Krankenhaus – in Erinnerung an seine geliebte Ehefrau Betty (1777-1837). Vier Jahre später nimmt das Krankenhaus seinen Betrieb auf. Damals liegt es noch vor den Toren der Stadt, an der heutigen Simon-von-Utrecht-Straße in St. Pauli. Das zweitälteste Krankenhaus Hamburgs ist zugleich das erste Krankenhaus der Stadt, in dem jeder – ohne Ansehen der Person, des Standes oder der Religionszugehörigkeit – behandelt wird.

Seine Verstaatlichung im Dritten Reich, seine Zerstörung im Zweiten Weltkrieg sowie die existenziellen Bedrohungen der Ärzteschaft und der Klinikmitarbeiter durch das Regime der Nationalsozialisten gehören zum traurigsten Kapitel der Geschichte des Israelitischen Krankenhauses.

Ein Jahr nach Kriegsende gelingt es, die Stiftung wiederaufleben zu lassen, wenn auch vorerst in einem bescheidenen Rahmen: Der Klinikbetrieb wird zunächst sehr eingeschränkt in der Schäferkampsallee in Hamburg-Eimsbüttel aufgenommen. Dank des unermüdlichen Einsatzes der damaligen

Salomon Heine

Betty Heine

Stiftungskuratoren, ebenso seiner Freunde und Förderer sowie der Freien und Hansestadt Hamburg kann der Neubau des Israelitischen Krankenhauses im Juli 1961 am heutigen Standort in Hamburg-Alsterdorf eröffnet werden.

Das Israelitische Krankenhaus ist ein freigemeinnütziges Krankenhaus der Grund- und Regelversorgung und in den Krankenhausbedarfsplan der Freien und Hansestadt Hamburg aufgenommen. Als interdisziplinär vernetztes Krankenhaus von überregionaler Bedeutung verfügt das Haus über rund 180 Betten. Den Schwerpunkt bildet die Behandlung von Erkrankungen der Verdauungsorgane, insbesondere auch bei Tumorerkrankungen. Das Leitmotiv von Salomon Heine wird auch heute gelebt: Die fachlich und menschlich ausgezeichnete pflegerische Betreuung ist ebenso wesentlich für die Genesung der Patienten wie die hohe Qualität medizinischer Behandlung.

Jährlich werden etwa 8.100 Patienten stationär sowie 6.600 Patienten ambulant behandelt. Zum Krankenhaus gehören die Medizinische Klinik unter Leitung von Prof. Dr. Peter Layer, die Chirurgische Klinik, geleitet von Prof. Dr. Carsten Zornig, sowie die Anästhesiologie und Intensivmedizin, die Privatdozent Dr. Marc Freitag leitet. Das Direktorium des Hauses setzt sich zusammen aus Prof. Dr. Peter Layer, Ärztlicher Direktor, Marcus Jahn, Kaufmännischer Direktor, Prof. Dr. Carsten Zornig, stellvertretender Ärztlicher Direktor, und Julia Petersen, Pflegedirektorin. Das Israelitische Krankenhaus beschäftigt rund 420 Mitarbeiter, darunter rund 70 Ärztinnen und Ärzte sowie über 180 Mitarbeiterinnen und Mitarbeiter in der Pflege. Als akademisches Lehrkrankenhaus der Universität Hamburg beteiligt sich die Klinik an der Unterweisung und praktischen Ausbildung von Medizinstudenten.

Ebenfalls am Orchideenstieg nimmt das – vom Krankenhaus organisatorisch getrennte – Hospiz am Israelitischen Krankenhaus gGmbH Erwachsene mit schweren, nicht mehr therapierbaren Erkrankungen in ihrer letzten Lebensphase auf. Auch in der Betreuung der Hospizgäste ist das Leitmotiv von Salomon Heine von besonderer Bedeutung.

Israelitisches Krankenhaus in Hamburg - 175 Jahre

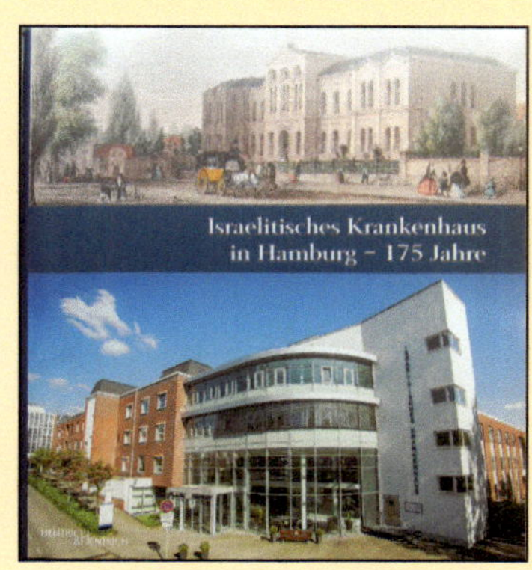

Der Band „Israelitisches Krankenhaus – 175 Jahre“ ist 2016 beim Hentrich & Hentrich Verlag erschienen und im Buchhandel erhältlich.

ISBN: 978-3-95565-159-6

Das Israelitische Krankenhaus (IK) kann auf eine über 175-jährige wechselvolle Geschichte zurückblicken. Der Arzt und Medizinhistoriker Dr. Harro Jenss und die Mitherausgeber Marcus Jahn, Peter Layer und Carsten Zornig unternahmen detaillierte Recherchen, trugen zahlreiche wertvolle historische Abbildungen zusammen und dokumentieren in Buchform den Werdegang des Hauses.

Eingehend würdigt das Buch die Leistungen und Beiträge der Menschen, die dem Krankenhaus sein beeindruckendes Profil gaben und geben. Allen voran portraitiert es ausführlich dessen Stifter Salomon Heine und dessen Liebe zu seiner Ehefrau Betty, die unerwartet im Alter von 59 Jahren starb. Das Krankenhaus wurde „der seligen Frau Betty zu ihrem Andenken erbaut von ihrem Gatten.“

Sein Renommee war groß, sein Reichtum gewaltig und seine Spendenbereitschaft berühmt.

Die Hanse

Salomon Heine
Ein Hamburger Bankier, Patriarch und Wohltäter
Biografie von Sylvia Steckmest, mit zahlreichen Abbildungen
340 Seiten, gebunden mit Schutzumschlag
Erscheint 2017 im Verlag Die Hanse und ist im Buchhandel erhältlich.

ISBN 978-3-86393-077-6

Salomon Heine (1767-1844) war ein Hamburger Merchant-Banker, der als Stifter und Wohltäter weit über Hamburg hinaus bekannt wurde – nicht zuletzt als der „reiche Onkel" des Dichters Heinrich Heine. Seine steile Karriere und seine Beliebtheit bei den Hamburgern waren außergewöhnlich. Das von ihm gestiftete *Israelitische Krankenhaus* gilt bis heute – auch über die Tore Hamburgs hinaus – als eines der besten in Deutschland.

Diese ausführliche anhand bisher nicht bearbeiteter Quellen recherchierte umfangreiche Biografie von Sylvia Steckmest mit vielen Bildern, Zeitzeugnissen und Dokumenten schildert nicht nur das Wirken dieses außergewöhnlichen Mannes, seine Handelsbeziehungen und Geschäfte, sondern zugleich auch die Geschichte Hamburgs im 18. und 19. Jahrhundert von der Franzosenherrschaft bis zur großen Brandkatastrophe 1842.